DENK MAL!

Deutsch ohne Grenzen | SECOND EDITION

Student Activities Manual

VISTA®
HIGHER LEARNING

ISBN: 978-1-62680-916-1

3 4 5 6 7 8 9 PP 19 18 17

Table of Contents

Table of Contents

About the Student Activities Manual

About the Student Activities Manual

Completely coordinated with the **DENK MAL!**, Second Edition, student textbook, the Student Activities Manual (SAM) provides you with additional practice of the language functions presented in each of the textbook's ten lessons. The SAM will help you develop your German language skills—listening, speaking, reading, and writing—both on its own and in conjunction with other components of the **DENK MAL!**, Second Edition, program. The SAM combines two major learning tools in a single volume: the Workbook and the Lab Manual.

Workbook

Each lesson's workbook activities focus on developing your reading and writing skills as they recycle the language from the corresponding textbook lesson. Exercise formats include: true/false, multiple choice, fill-in-the-blanks, sentence completions, dehydrated sentences, personal questions, and paragraph writing. The Workbook also includes art-based exercises and activities with cultural contexts.

Each Workbook lesson reflects the organization of the textbook lesson; it begins with **Zu Beginn**, followed by sections on **Kurzfilm, Stellen Sie sich vor, ...**, and **Strukturen**. Each lesson ends with **Schreibwerkstatt**, which develops your writing skills through a longer, more focused assignment.

Lab Manual

The Lab Manual activities and their corresponding audio MP3s (available at **vhlcentral.com**) build your listening and speaking skills as they reinforce the vocabulary and grammar of the corresponding textbook lesson. These activities provide the written and audio cues (direction lines, models, charts, drawings, etc.) that you will need in order to follow along easily. You will hear statements, questions, conversations, monologues, and other kinds of listening passages, all recorded by native German speakers. You will encounter a wide range of activities, such as listen-and-repeat and listen-and-respond, comprehension checks, and illustration-based work.

Each lesson of the Lab Manual contains a **Zu Beginn** section followed by a **Strukturen** section; these sections practice the vocabulary and grammar of each lesson. Each Lab Manual lesson ends with **Wortschatz**, a complete list of the active vocabulary you have learned in the lesson.

We hope that you find the **DENK MAL!**, Second Edition, Student Activities Manual to be a useful resource and that it will help you increase your German language skills effectively and enjoyably.

The Vista Higher Learning Editorial Staff

ZU BEGINN

Lektion 1

1 **Was passt zusammen?** Verbinden Sie die verwandten Wörter.

_____ 1. die Hochzeit   a. verlassen

_____ 2. der Witwer   b. ängstlich

_____ 3. die Verabredung   c. mit jemandem ausgehen

_____ 4. lügen   d. das Ehepaar

_____ 5. schüchtern   e. verwitwet

_____ 6. geschieden   f. unehrlich

2 **Wie sind diese Menschen?** Wählen Sie den richtigen Ausdruck für jedes Bild.

_____ 1. Sie sind liebevoll.

_____ 2. Sie sind attraktiv.

_____ 3. Sie ist deprimiert.

_____ 4. Sie sind verheiratet.   a.   b.   c.   d.

3 **Klatsch** Max und Lisa besprechen die Beziehung ihrer Freunde. Setzen Sie die richtigen Wörter in die Lücken.

ärgert	heiraten	ledig	Verabredung	verliebt
bestürzt	Hochzeit	optimistisch	verlassen	verlobt

MAX Hallo, Lisa! Du siehst so (1) _____ aus. Was ist los?

LISA Eigentlich hat es mit mir nichts zu tun. Trotzdem (2) _____ es mich.

MAX Was ist denn? Du wirst doch sonst nie böse.

LISA Michael und Kristina sind wieder zusammen. Sie sind sogar (3) _____.

MAX Das kann nicht sein. Er hat sie doch erst letzte Woche (4) _____.

LISA Und zwar zum dritten Mal. Und jetzt wollen sie plötzlich (5) _____.

MAX (6) _____ sind sie auf jeden Fall.

LISA Na ja, was kann man tun? Sie sind (7) _____.

MAX Wann findet die (8) _____ statt?

LISA Im Oktober. Aber mal was anderes. Wie geht es dir?

MAX Nicht schlecht. Ich bin aber immer noch (9) _____. Hast du heute Abend schon etwas vor?

LISA Tut mir Leid! Ich habe schon eine (10) _____.

4 **Persönlichkeiten** Beantworten Sie die folgenden Aussagen und Fragen in vollständigen Sätzen.

1. Beschreiben Sie Ihre eigene Persönlichkeit.

   _____

2. Beschreiben Sie die Persönlichkeit Ihres Vaters/Ihrer Mutter.

   _____

3. Welche Gemeinsamkeiten haben Sie mit Ihren Eltern? Wo gibt es Unterschiede?

   _____

4. Haben Sie ein Haustier? Was für ein Tier ist es? Ist das Tier ein Teil der Familie? Warum?

   _____

5. Haben Haustiere auch Persönlichkeiten? Beschreiben Sie die Persönlichkeit eines Haustieres Ihrer Wahl.

   _____

   _____

5 **Wer sind diese Personen?** Schauen Sie sich die Bilder an und beschreiben Sie sie mit wenigen Sätzen.

1.   2.   3.

1. _____

   _____

2. _____

   _____

3. _____

   _____

6 **Personenbeschreibung** Beschreiben Sie die Persönlichkeit des idealen Freundes oder der idealen Freundin. Schreiben Sie dann etwas über einen Menschen, den Sie nicht mögen.

Mein idealer Freund/Meine ideale Freundin:

_____

_____

Ein Mensch, den ich nicht mag:

_____

_____

_____

Workbook

KURZFILM

Outsourcing

1 **Alles verstanden?** Beantworten Sie die folgenden Fragen zum Film *Outsourcing*.

1. Zu welcher Mahlzeit setzt sich die Familie an den Tisch?

   _____

2. Wozu haben die Tochter und ihr Vater sich entschieden?

   _____

3. Wie reagiert die Mutter auf den Brief? Nimmt sie die Mitteilung ernst?

   _____

4. Warum wollen sie ihre Arbeit als Mutter und Hausfrau beenden?

   _____

5. Welches Zimmer im Haus wollen sie schließen?

   _____

6. Wo schläft die Mutter, nachdem Vater und Tochter das Schlafzimmer verkaufen? Wo schläft der Vater?

   _____

7. Wie ersetzen sie die Küche und die Arbeit der Mutter?

   _____

8. Warum kann die Mutter das Auto nicht nehmen?

   _____

2 **Wie hätten andere reagiert?**

Beschreiben Sie die Reaktion der Mutter im Film. Was kann man über ihre Persönlichkeit sagen? Wie würden andere Menschen in so einer Situation reagieren?

_____

_____

_____

_____

_____

_____

_____

_____

STELLEN SIE SICH VOR, ...

Die Vereinigten Staaten und Deutschland

Richtig oder falsch? Entscheiden Sie, ob die folgenden Aussagen **richtig** oder **falsch** sind. Korrigieren Sie die falschen Aussagen.

Richtig **Falsch**

○   ○   1. Viele deutsche Einwanderer sind im 18. Jahrhundert nach Milwaukee gekommen.

_____

○   ○   2. Heute wohnen immer noch viele Deutschamerikaner in Milwaukee.

_____

○   ○   3. Das *German Fest* findet jeden Sommer statt und dauert vier Tage.

_____

○   ○   4. Auf dem Fest findet man keine typisch deutschen Traditionen.

_____

○   ○   5. Nach altdeutschem Rezept macht man Sauerkraut mit frischen Äpfeln, Rindfleisch und Kümmel.

_____

○   ○   6. Beim *German Fest* kann man etwas über die Geschichte der Deutschen in Amerika lernen.

_____

Entdeckungsreise

Das *German Fest* Beschreiben Sie das Foto. Was sehen Sie? Was wissen Sie über die Kinder auf dem Bild?

_____

_____

_____

_____

_____

_____

_____

_____

_____

_____

_____

STRUKTUREN

1.1 Word order: statements and questions

1 **Korrektur** Aden schreibt eine E-Mail an seinen deutschen Freund Fabian. Er macht aber viele Fehler bei der Wortstellung. Helfen Sie ihm. Unterstreichen Sie die Sätze im Brief unten, die nicht richtig sind. Berichtigen Sie anschließend die Wortstellung.

Lieber Fabian,

deinen ersten Brief habe ich mit großem Interesse gelesen! Ich möchte dir etwas von mir, meiner Familie und meiner Freundin erzählen. Ich komme aus Burnsville, MN, einem Vorort von Minneapolis. Hier wir haben die *Mall of America*. Arbeiten meine Mutter und meine Freundin seit drei Jahren dort. Meine Eltern sind geschieden. Mein Vater wohnt in St. Paul und bei einer Bank arbeitet. Ich abschließe das Studium bald und meine Freundin heirate. Dann wir reisen nach Österreich. Sehen wir uns dann?

Schöne Grüße

Aden McComb

1. _____

2. _____

3. _____

4. _____

5. _____

2 **Julias neuer Freund** Lara stellt Julia Fragen über ihren neuen Freund. Schreiben Sie Julias Antworten aus den Fragen und den Informationen unten.

Beispiel

Wie oft redet ihr miteinander? (jeden Tag)
Wir reden jeden Tag miteinander.

1. Seit wann kennst du deinen neuen Freund? (ein Monat)

_____

2. Wann war eure erste Verabredung? (letzten Freitag)

_____

3. Was habt ihr während der Verabredung gemacht? (ins Kino gehen)

_____

4. Was studiert er? (Medizin)

_____

5. Wie lange muss er noch studieren? (zwei Jahre)

_____

3 **Wie war das Date?** Nils möchte wissen, wie Sebastians Verabredung mit Alexandra war. Lesen Sie Sebastians Antworten und schreiben Sie Nils' Fragen auf.

1. _____

   Wir sind gestern in die Freiburger Innenstadt gefahren.

2. _____

   Wir haben eine Kunstausstellung im Museum für Neue Kunst besichtigt und waren dann beim Italiener essen.

3. _____

   Ich habe Spaghetti Bolognese bestellt und Alexandra hat Schweinefilet mit Mozzarella gegessen.

4. _____

   Wir sind mit der Straßenbahn gefahren und zu Fuß gegangen.

5. _____

   Wir sind in der Innenstadt spazieren gegangen.

6. _____

   Ich war um 22 Uhr zu Hause.

4 **Was machen Sie in Ihrer Freizeit?** Beantworten Sie die Fragen.

1. Mit welchen Freunden gehen Sie gern aus?

   _____

2. Was machen Sie mit Ihren Freunden, wenn Sie ausgehen?

   _____

3. Gehen Sie oft mit Freunden essen? Wenn ja, wo essen Sie gern?

   _____

4. Wer bezahlt, wenn Sie ins Restaurant gehen?

   _____

5. Wer fährt, wenn Sie mit Ihren Freunden ausgehen?

   _____

6. Feiern Sie gern bis spät in die Nacht oder gehen Sie lieber früh ins Bett?

   _____

5 **Ein soziales Netzwerk** Sie wollen bei einem sozialen Online-Netzwerk mitmachen, um neue Leute kennenzulernen. Schreiben Sie mindestens drei Sätze über sich und drei Fragen an die Leute, die Sie kennen lernen wollen.

_____

_____

_____

1.2 Present tense of regular and irregular verbs

1 **Freundschaften** Ergänzen Sie die Sätze mit den richtigen Formen von **haben** oder **sein**.

1. Jerome _____ nur wenige Freunde.

2. Seine Freunde _____ ihm aber alle sehr nah.

3. Weißt du, ob Jerome ein guter Freund _____ ?

4. Ja. In ihm _____ man einen guten Freund.

5. _____ alle Menschen gute Freunde?

6. Nein. Gute Freunde _____ selten.

7. _____ du auch sein Freund?

8. Ja. Aber ich _____ noch viele andere Freunde.

2 **Eifersucht** Ergänzen Sie Annas E-Mail mit den richtigen Formen der Verben in Klammern.

Liebe Lara,

warum (1) _____ (sein) so eifersüchtig und (2) _____ (lesen) die E-Mails, die Ali mir

schreibt? Woher (3) _____ (wissen) du eigentlich mein Passwort? Wie auch immer: Es tut mir

Leid, aber er (4) _____ (gehören) jetzt mir. Morgen (5) _____ (fahren) er mit dem

Zug nach Berlin. Wir (6) _____ (treffen) uns dort. Ali (7) _____ (helfen) mir bei der

Jobsuche und er (8) _____ (schenken) mir sogar einen Ring! Du siehst, er (9) _____

(vergessen) dich schon jetzt, aber ich (10) _____ (vergessen) mit Sicherheit nichts. Du

brauchst dir keine Sorgen zu machen. Du (11) _____ (finden) bestimmt einen neuen Freund.

Aber Ali (12) _____ (sehen) du nie wieder.

Anna

3 **Verben** Wählen Sie für jeden Satz ein passendes Wort aus der Liste und ergänzen
Sie den Satz mit dem Verb im Präsens.

arbeiten	ausgehen	fühlen	reisen	suchen
ärgern	brauchen	helfen	schlafen	werden

1. Martin _____ sich manchmal über seine Frau, Jutta.

2. Jutta _____ manchmal böse.

3. Martin _____ eine bessere Arbeitsstelle.

4. Er _____ aber oft bis am Nachmittag.

5. Sie _____ mehr als er.

6. Martin _____ oft beim Putzen zu Hause.

7. Nächste Woche _____ Jutta und Martin nach Griechenland.

8. Die beiden _____ den Urlaub!

Workbook

4 **Andere machen das auch!** Schreiben Sie die Sätze um. Benutzen Sie das Subjekt in Klammern.

> **Beispiel**
>
> Julius geht gern ins Kino. (Tobias und ich)
> *Tobias und ich gehen auch gern ins Kino.*

1. Julius arbeitet spät in der Nacht. (seine Freundin)

   _____

2. Julius isst Pizza mit Thunfisch. (wir alle)

   _____

3. Julius hört nur klassische Musik. (meine Eltern)

   _____

4. Julius schläft nur fünf Stunden. (Daniel)

   _____

5. Julius liest jeden Tag Zeitung. (alle)

   _____

5 **Was machen diese Leute?** Wählen Sie passende Verben und beschreiben Sie, was die Personen auf den Bildern machen.

(sich) ärgern	fühlen	lügen	teilen	verlassen	sich verloben
ausgehen	heiraten	sich streiten	verehren	sich verlieben	vertrauen

1. Marion und Sven   2. Tobias und Valerie   3. Rolf und Barbara   4. du

_____   _____   _____   _____

_____   _____   _____   _____

6 **Aschenputtel** Erzählen Sie das Märchen von Aschenputtel. Sie können einen neuen Schluss erfinden, wenn Sie wollen.

arbeiten	geben	heiraten	strafen	tragen	sich verlieben
besuchen	hassen	helfen	tanzen	träumen	(einen Zauberspruch) aufsagen

_____

_____

_____

_____

_____

1.3 Nominative and accusative cases; pronouns and possessive adjectives

1 **Was passt?** Ergänzen Sie die Sätze.

1. Erkennst du _____ ehemalige Frau?

    a. meinem   b. mein   c. meinen   d. meine

2. Sie baut sich _____ neues Leben auf.

    a. ein   b. eine   c. einer   d. einen

3. Sie hat _____ neuen Mann gefunden. Er heißt Ali.

    a. ein   b. eine   c. einer   d. einen

4. Ali liebt _____.

    a. ihr   b. sie   c. sich   d. Sie

5. Sie wollen _____ Kinder.

    a. keine   b. keinen   c. kein   d. keiner

2 **Partnersuche** Ergänzen Sie das Gespräch mit den fehlenden Artikeln und Pronomen im Nominativ oder Akkusativ.

FLORIAN Wie findest du (1) _____ (dies-) Mann, Antonia?

ANTONIA Er ist nicht sehr attraktiv. Wie findest du (2) _____ (er)?

FLORIAN Nicht schlecht. Er ist aber nichts für (3) _____ (ich).

ANTONIA Tja… und der hier hat (4) _____ (kein) Fotos von sich. Erik,

    (5) _____ (dies-) Frau hat die gleichen Interessen wie du.

ERIK Ja, ich finde (6) _____ (sie) interessant und (7) _____ (sie)

    Foto ist schön. Ich möchte (8) _____ (sie) Profil weiter lesen.

3 **Umfrage** Beantworten Sie die Fragen mit den angegebenen Informationen.

> **Beispiel**
>
> Wen rufst du oft an? (mein bester Freund)
> Ich rufe meinen besten Freund oft an.

1. Was suchst du bei einem Partner/einer Partnerin? (Zuneigung)

    _____

2. Wer war dein erster Freund/deine erste Freundin? (ein(e) Klassenkammerad(in))

    _____

3. Was machst du gern mit deinem Freund/deiner Freundin? (über Literatur sprechen)

    _____

4. Wen siehst du jeden Tag? (meine Schwester)

    _____

5. Wie lernst du neue Leute kennen? (durch Online-Netzwerke)

    _____

Workbook

4 **Fotoalbum** Erfinden Sie für jedes Foto einen Titel und beschreiben Sie es. Schreiben Sie vollständige Sätze und vergessen Sie nicht, die richtigen Nominativ- und Akkusativformen zu verwenden.

1.  2.  3.

1. _____

2. _____

3. _____

5 **Fragen** Beantworten Sie die Fragen in ganzen Sätzen.

1. Kennen Sie ein Paar, das eine gute Ehe führt? Wer ist das?

_____

2. Was machen sie richtig?

_____

3. Kennen Sie ein Paar, das eine problematische Ehe führt? Wer ist das?

_____

4. Was machen sie falsch?

_____

5. Was macht eine gute Ehe aus?

_____

6 **German Fest** Stellen Sie sich vor, Sie besuchen das *German Fest* in Milwaukee mit zwei guten Freund(inn)en. Beschreiben Sie, was Sie sehen und machen. Lesen Sie den Aufsatz unter **Stellen Sie sich vor, ...** in **Lektion 1**. Verwenden Sie Artikel, Pronomen und Possessivpronomen im Nominativ und im Akkusativ.

_____

_____

_____

_____

_____

_____

_____

_____

_____

_____

Workbook

SCHREIBWERKSTATT

Aufsatz

Schritt 1

Lesen Sie Leilas Blogeintrag und beantworten Sie die Fragen.

Hallo! Ich erzähle mal etwas über mich. Ich bin 19 Jahre alt und studiere Architektur in Magdeburg. Im Moment habe ich zwar noch einen Freund, aber ich bin wohl bald wieder solo. Ich meine, na ja… es war Liebe auf den ersten Blick, aber manchmal hält die Liebe eben nicht so lange. Ich habe jetzt sowieso wenig Zeit für eine Beziehung. Ich reise morgen nach London und mein Freund kommt nicht mit. Er ist zu faul! Während ich lerne oder arbeite, sieht er fern! Oder sonst schläft er.

Deswegen reise ich oft und gern… aber am liebsten allein. Einen Freund oder eine Freundin dabei zu haben, macht alles langsamer. Ich warte auf niemanden. Man bezeichnet mich oft als stolz und arrogant, aber nie als bescheiden oder charmant. Ob ich charmant bin oder sein will, weiß ich nicht. Ehrlich bin ich auf jeden Fall. Hoffentlich nimmt man es nicht so ernst, wenn ich kritisch bin. Ich freue mich sehr auf London! Besucht diese Seite bitte bald wieder und lest mehr über meine Abenteuer dort. Dann gibt es auch Fotos!

Welche Verben verwendet Leila? Schreiben Sie die Verben auf und bestimmen Sie, ob sie regelmäßig oder unregelmäßig sind.

erzähle: regelmäßig _____

_____

_____

_____

_____

_____

_____

Schritt 2

Lesen Sie den Blogeintrag noch einmal. Markieren Sie alle Artikel und Pronomen. Geben Sie an, ob sie im Nominativ oder im Akkusativ stehen.

ich: Nominativ _____

_____

_____

_____

_____

_____

_____

_____

Workbook

Schritt 3

Schreiben Sie einen Blogeintrag über Ihre Persönlichkeit, was Sie gern machen, Ihre Freunde und Ihre Beziehungen. Schreiben Sie mindestens zehn Sätze. Verwenden Sie Fragen, regelmäßige und unregelmäßige Verben, Pronomen und Possessivpronomen.

_____
_____
_____
_____
_____
_____
_____
_____
_____
_____
_____
_____
_____
_____
_____
_____
_____
_____
_____
_____
_____
_____
_____
_____
_____
_____
_____

Lektion 2

1 **Was passt nicht?** Markieren Sie zuerst die Wörter, die nicht in die Serie passen. Ergänzen Sie dann die Sätze mit diesen Wörtern.

A.   1. das Polizeirevier / die Fußgängerin / das Gerichtsgebäude / die Feuerwache

   2. überfüllt / privat / gefährlich / laut

   3. vorbeigehen / stoppen / parken / anhalten

   4. der Vorort / die Wohngegend / der Stadtrand / der Stau

B.   1. Auf dem Weg zur Uni _____ wir am Rathaus _____.

   2. _____ verläuft sich im Park.

   3. _____ auf der Autobahn wird immer schlimmer.

   4. Diese Wohnung ist klein und nicht _____ genug.

2 **Umzug** Ergänzen Sie den Text mit den richtigen Wörtern aus der Liste unten.

lebhaft	Wohngegend	Stadtrand	umziehen	sich verlaufen
liegen	plaudern	überqueren	sich verfahren	Wegbeschreibung

Lukas, kennst du das Café Springfield? Es (1) _____ nicht im Zentrum, sondern am

(2) _____. Also, ich sitze dort und (3) _____ mit Thomas. Weißt du was? Seine

(4) _____ gefällt ihm nicht und er will unbedingt (5) _____. Hier in Berlin

(6) _____ er _____ oft, obwohl sein Auto ein GPS-Gerät hat, das ihm jede

(7) _____ gibt! Es ist einfach nicht zu glauben. Aber er (8) _____ _____

ja schon, wenn er nur die Straße (9) _____! Mir gefällt es in Berlin. Die Stadt ist so

(10) _____.

3 **Was machen diese Leute?** Schauen Sie sich die Bilder an. Beschreiben Sie jedes Bild in zwei vollständigen Sätzen. Verwenden Sie Vokabeln aus **Lektion 2**.

1.   2.   3.

1. _____

   _____

2. _____

   _____

3. _____

4 **Ihr Wohnort** Beantworten Sie die folgenden Fragen in vollständigen Sätzen.

1. Wo wohnen Sie? In der Stadt, im Vorort oder auf dem Land?

   _____

2. Haben Sie Mitbewohner? Mit wem wohnen Sie zusammen?

   _____

3. Wo in Ihrer Stadt verbringen Sie viel Zeit?

   _____

4. Wie bewegen Sie sich in Ihrer Stadt? Haben Sie ein Auto oder benutzen Sie

   öffentliche Verkehrsmittel?

   _____

5. Kennen Sie Ihre Stadt gut? Gibt es Gegenden, in denen Sie sich verlaufen?

   _____

5 **Besuch meine Stadt!** Schreiben Sie eine E-Mail an Ihre(n) deutsche(n) Brieffreund(in). Laden Sie ihn oder sie zu Besuch ein. Beschreiben Sie Ihren Wohnort, was man dort machen und sehen kann. Verwenden Sie mindestens acht Wörter aus der Liste unten.

sich amüsieren	das Wohnviertel	der Stadtrand
der Bürgersteig	das Nachtleben	verbessern
der Fußgänger	die öffentlichen Verkehrsmittel	voll
lebhaft	die Richtung	vorbeigehen
liegen	sicher	der Vorort

_____

_____

_____

_____

_____

_____

_____

_____

_____

_____

_____

_____

_____

_____

_____

Workbook

Die Klärung eines Sachverhalts

1 **Alles verstanden?** Beantworten Sie die folgenden Fragen.

1. Was ist Jürgen Schulz von Beruf?

   _____

2. Wo sind die Eltern von Sybille Schulz?

   _____

3. Wie ist das Verhältnis zwischen Sybille und Jürgen Schulz am Anfang des Films?

   _____

4. Ändert sich das Verhältnis zwischen Sybille und Jürgen im Verlauf (*during the course*) des Films?

   _____

5. Möchte Jürgen Schulz die DDR wirklich verlassen? Warum (nicht)?

   _____

6. Wie behandelt der Stasi-Offizier Jürgen Schulz während des Interviews?

   _____

7. Lügt Jürgen Schulz im Interview mit dem Stasi-Offizier? Begründen Sie Ihre Meinung.

   _____

8. Warum muss Jürgen Schulz am Ende ins Gefängnis?

   _____

2 **Der Ausreiseantrag**

Der Anwalt erklärt Jürgen und Sybille Schulz, dass ein Ausreiseantrag schon lange legal ist. Wann genau stellen sie den Antrag? Erzählen Sie in chronologischer Reihenfolge, was Jürgen und seine Frau unternehmen, um die DDR verlassen zu dürfen. Denken Sie daran, dass viele Szenen im Film eine Rückblende (*flashback*) sind. Machen Sie eine Liste mit den Ereignissen (*events*) bevor Sie den Aufsatz schreiben.

_____

_____

_____

_____

_____

_____

_____

STELLEN SIE SICH VOR, ...

Berlin

Was gibt es in Berlin zu sehen? Ergänzen Sie die Sätze mit den richtigen Wörtern aus der Liste unten.

Hauptstadt	Kastanienallee	Mauer	Türsteher
Brandenburger Tor	Holocaust	Transparenz	Vergangenheit

1. Berlin ist eine moderne Stadt, besitzt aber auch eine interessante _____.

2. Nach der Teilung Deutschlands war sie die _____ der DDR.

3. Das _____ steht heute für Einheit.

4. Das _____-Mahnmal besteht aus Betonstelen in Parallel-Reihen.

5. Die Glaskuppel des Reichstagsgebäudes deutet auf politische _____ hin.

6. Heutzutage steht keine _____ zwischen Ost- und Westberlin.

7. In der _____ gibt es viele Geschäfte und Cafés.

8. Vor den Clubs gibt es oft _____ und man muss lange Schlange stehen.

Entdeckungsreise

Meinungsfreiheit Beschreiben Sie das Bild. Was passiert hier? Was wissen Sie über diesen Ort?

_____

_____

_____

_____

_____

_____

_____

_____

_____

_____

_____

_____

_____

STRUKTUREN

2.1 Dative and genitive cases

1 **Eine neue Wohnung** Markieren Sie die richtigen Formen der Wörter.

1. Die Miete (meiner Wohnung / meine Wohnung) ist billig.
2. Der Vermieter macht (den Mietern / der Mieter) ein Sonderangebot.
3. Die Wohnung befindet sich im Vorort (die Stadt / der Stadt).
4. Leider gibt es vor (der Wohnung / die Wohnung) keinen Parkplatz.
5. (Meinem Freund / Meines Freundes) gefällt seine Wohnung nicht.
6. Die laute Musik (des Nachbarn / dem Nachbarn) stört ihn.

2 **Geldprobleme** Ergänzen Sie den Text mit der richtigen Form des Artikels, Pronomens oder Possessivpronomens in Klammern.

Johanna, ich habe ein Problem und deshalb schreibe ich (1) _____ (du). Morgen ist

der Geburtstag (2) _____ (mein) Freundin. Ich möchte (3) _____ (sie) ein

Geschenk kaufen und bin gerade im Kaufhaus (4) _____ (der) Westens. Ich habe hier

einen Rock, der (5) _____ (sie) bestimmt passt. Aber ausgerechnet diesen Monat musste

ich (6) _____ (mein) Vermieter viel Geld als Kaution (*security deposit*) zahlen, und jetzt

habe ich nicht mehr genug. Hilf (7) _____ (ich) bitte! Am Ende (8) _____ (der)

Sommers kann ich (9) _____ (du) das Geld zurückzahlen. Ich wäre

(10) _____ (du) unendlich dankbar!

Ben

3 **Wem gehört das?** Schreiben Sie drei kurze Gespräche aus den vorgegebenen Satzteilen.

> **Beispiel**
> du / CDs // er (nein)
> —Gehören die CDs dir?
> —Nein, sie gehört ihm.

1. du / das Fotoalbum // sie (nein)

_____

2. er / der Computer // ich (nein)

_____

3. ihr / die Stiefel und Schuhe // wir (ja)

_____

4 **Was passiert hier?** Beschreiben Sie, was auf dem Bild zu sehen ist. Benutzen Sie Possessivpronomen, Dativ- und Genitivobjekte.

_____
_____
_____
_____
_____
_____

5 **Besuch** Ihre Eltern kommen zu Besuch. Beantworten Sie die folgenden Fragen in vollständigen Sätzen.

1. In welchem Stadtteil wohnen Sie?

_____

2. Sind die Straßen Ihres Wohnviertels sauber und sicher?

_____

3. Wohnen Sie in der Nähe einer Bus- oder U-Bahnhaltestelle oder fahren Sie mit dem Auto?

_____

4. Was zeigen Sie Ihren Eltern in der Stadt?

_____

5. Was erzählen Sie Ihren Eltern über Ihre Stadt?

_____

6. Gefällt Ihnen Ihre Stadt?

_____

6 **Meine Wohnung** Schreiben Sie eine E-Mail an einen Freund. Erzählen Sie ihm, wo und mit wem Sie wohnen. Verwenden Sie Artikel im Dativ und im Genitiv, Pronomen und Possessivpronomen. Schreiben Sie mindestens fünf Sätze.

_____
_____
_____
_____
_____

2.2 Prepositions

1 **Was passt?** Ergänzen Sie die folgenden Sätze mit der richtigen Präposition.

1. Das Leben _____ meiner Stadt ist angenehm.

   a. in   b. für   c. mit   d. trotz

2. Im Sommer fahre ich _____ dem Fahrrad.

   a. nach   b. aus   c. in   d. mit

3. _____ der Arbeit gehe ich mit Freunden aus.

   a. Ohne   b. Nach   c. Seit   d. Gegenüber

4. Meine Freundin kommt _____ einer anderen Stadt.

   a. seit   b. von   c. aus   d. mit

5. Ich zeige ihr alle Sehenswürdigkeiten _____ der Stadt.

   a. innerhalb   b. gegen   c. trotz   d. wegen

2 **Wegbeschreibung** Ihr Freund Yusuf gibt Ihnen eine Wegbeschreibung zu seiner Wohngemeinschaft. Schreiben Sie hinter jede Präposition die richtige Form des Artikels.

Du kennst den Weg nicht? Kein Problem. Ich beschreibe ihn dir. Ich wohne auf (1) _____ (die) anderen Seite des Flusses. Zuerst gehst du links in (2) _____ (die) Mühlenstraße. Fahr bis zu (3) _____ (die) Oberbaumbrücke. Neben (4) _____ (die) Brücke liegt der Osthafen. Wenn du den Tennisplatz hinter (5) _____ (der) Park erreichst, bist du zu weit gegangen. Geh über (6) _____ (die) Brücke und dann in (7) _____ (die) Falkensteinstraße. Ich wohne in (8) _____ (die) Ecke Wrangelstraße.

3 **Ein Tag in der Stadt** Bilden Sie Sätze aus den angegebenen Satzteilen.

Beispiel

ich / zeigen / sie / das Museum / auf / der Stadtplan
Ich zeige ihr das Museum auf dem Stadtplan.

1. Sophia / zeigen / ich / der Weg / zu / Rathaus

   _____

2. während / das Mittagessen / wir / reden / ohne / Pause

   _____

3. nach / das Essen / ich / kaufen / eine Bluse / meine Freundin

   _____

4. wegen / das Geschenk / sie / sein / ich / dankbar

   _____

5. nach / der Einkauf / wir / gehen / durch / der Stadtpark

   _____

Workbook

4 **Wie komme ich von A nach B?** Sehen Sie sich die Karte an und beschreiben Sie den Weg von Punkt A zu Punkt B. Verwenden Sie Präpositionen aus der Liste.

an	aus	durch	innerhalb	um	zu
auf	bis	in	nach	von	zwischen

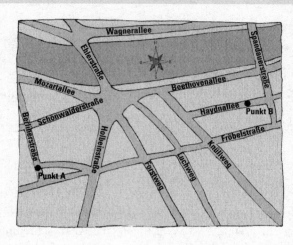

_____

_____

_____

_____

_____

_____

5 **In einer anderen Stadt** Sie besuchen eine Stadt, die Sie gut kennen. Beantworten Sie die Fragen.

1. Wie reisen Sie in der Stadt?

_____

_____

2. Wo übernachten Sie in der Stadt?

_____

_____

3. Was machen Sie während Ihres Aufenthalts in dieser Stadt?

_____

_____

4. Mit wem besuchen Sie die Stadt?

_____

_____

5. Woran erinnern Sie sich nach der Reise?

_____

_____

2.3 *Das Perfekt*; separable and inseparable prefix verbs

1 **Köln** Ergänzen Sie die Sätze mit der richtigen Form der Hilfsverben **sein** oder **haben**.

1. Am Wochenende _____ wir Köln besucht.

2. Wir _____ mit dem Zug gefahren.

3. Der Zug _____ sehr spät angekommen.

4. Unser Hotel _____ schmutzig gewesen.

5. Es _____ das ganze Wochenende geregnet.

6. Trotzdem _____ ich mich nicht gelangweilt.

2 **In der Stadt** Was haben Lisa und ihre Freunde gestern gemacht? Bilden Sie Sätze im Perfekt aus den angegebenen Satzteilen.

> **Beispiel**
> Emma und Philip: sehen / ein Film
> **Emma und Philip haben einen Film gesehen.**

Mia

Efe und ich

du und Marie

1. besichtigen / Kunstausstellung _____

2. fahren / mit der Straßenbahn _____

3. einkaufen / in der Innenstadt _____

4. finden / gute Angebote _____

5. machen / was / ? _____

6. bleiben / wie lange / ? _____

3 **Was ist passiert?** Beschreiben Sie die Bilder im Perfekt mit den Verben aus der Liste.

> **Beispiel**
> **Sarah und Julian**
> *Sarah und Julian haben Volleyball gespielt.*

ankommen
einsteigen
spielen
warten

1. Max und Paul

_____

_____

_____

2. Lara

_____

_____

_____

3. Frau Lange

_____

_____

_____

4 **Ein Leben mit oder ohne Auto** Felix und Lena sprechen über den Verkehr in ihrer Stadt. Ergänzen Sie das Gespräch mit Verben im Perfekt.

FELIX Tag, Lena! Wo (1) _____ du _____ (sein)?

LENA Beim Autohaus Reiniger. Ich (2) _____ mir ein Auto _____ (kaufen).

FELIX Gratuliere! Aber du (3) _____ doch immer mit öffentlichen Verkehrsmitteln _____ (fahren). Warum brauchst du jetzt ein Auto?

LENA Jeden Morgen (4) _____ ich früh _____ (aufstehen). Jeden Tag (5) _____ ich in der Kälte auf die S-Bahn _____ (warten). Und die Bahn (6) _____ oft zu spät _____ (kommen). Jetzt kann ich ganz bequem mit dem Auto fahren!

FELIX Aber du (7) _____ doch bestimmt auch _____ (bemerken), der Verkehr in dieser Stadt (8) _____ dichter _____ (werden). Die Situation wird sich nicht verbessern. Ich (9) _____ früher ein Auto _____ (haben), und dann (10) _____ ich so oft im Stau _____ (stehen).

LENA Das ist mir egal. Ich liebe mein neues Auto. Ich kann im Stau stehen und dabei sehr bequem sitzen.

5 **Was haben andere gemacht?** Beschreiben Sie, was diese Personen gestern gemacht haben. Schreiben Sie mindestens drei Sätze zu jeder Person.

1. zwei Studenten, 22 Jahre alt

_____

_____

2. meine Nachbarin, 50 Jahre alt

_____

_____

3. der Polizeibeamte, 35 Jahre alt

_____

_____

6 **Was haben Sie gemacht?** Wann waren Sie das letzte Mal in einer großen Stadt? Was haben Sie dort gemacht? Schreiben Sie mindestens sechs Sätze.

_____

_____

_____

_____

_____

Aufsatz

Schritt 1

Niklas war mit seiner Freundin in Berlin. Lesen Sie seinen Brief.

Liebe Mutti,

ich bin gerade mit Lina zurück aus Berlin! Trotz des schlechten Wetters war unsere Reise spannend. Ich bin aber froh, wieder in Querfurt zu sein. Wir sind mit dem Zug nach Berlin gefahren und du weißt, dass Lina nicht gern mit dem Zug fährt. Aber leider war mein Auto kaputt und es blieb uns nichts anderes übrig. Vor der Konferenz haben wir ein paar Tage Zeit gehabt, die wir in der Stadt verbracht haben. Wir haben erst das Deutsche Historische Museum besucht. Dann sind wir die Straße Unter den Linden entlang gegangen und haben das Brandenburger Tor gesehen. In dieser Gegend befindet sich auch das Reichstagsgebäude. Wir sind sogar bei der Komischen Oper gewesen. Leider haben wir das Gebäude nur von außen gesehen. Während meiner Konferenz hat Lina sich mit Freundinnen getroffen. Was sie dann gemacht hat, darüber musst du schon mit ihr selbst sprechen. Berlin hat sich aber stark verändert! Lina meint, du sollst die Stadt auch bald mal besuchen.

Welche Tempora verwendet Michael? Markieren Sie die Verben und bestimmen Sie das Tempus der Verben.

_____

_____

_____

_____

_____

_____

_____

_____

_____

_____

Schritt 2

Lesen Sie den Brief noch einmal. Markieren Sie jetzt alle Präpositionen und schreiben Sie auf, ob sie mit dem Dativ oder Genitiv benutzt werden.

_____

_____

_____

_____

_____

_____

_____

_____

_____

Workbook

Workbook

Schritt 3

Stellen Sie sich jetzt vor, dass Sie gerade von einer Reise nach Berlin zurückgekommen sind. Beschreiben Sie, wie und mit wem Sie gereist sind, was Sie gesehen und was Sie gemacht haben. Schreiben Sie mindestens zehn Sätze. Verwenden Sie das Perfekt, Dativ- und Genitivobjekte, Possessivpronomen und Präpositionen.

_____

_____

_____

_____

_____

_____

_____

_____

_____

_____

_____

_____

_____

_____

_____

_____

_____

_____

_____

_____

_____

_____

_____

_____

_____

_____

Lektion 3

Workbook

1 **Fernsehprogramm** Ergänzen Sie diese Sätze mit den Wörtern aus der Liste.

| Dokumentarfilm | Ereignisse | Folge | sich informieren | Zuschauer |

1. Heute Abend um 18 Uhr besprechen wir aktuelle _____ mit unseren Gästen.

2. _____ Sie _____ über Bienen in dieser Natur-Sendung.

3. Was denken die _____ über den Wechsel zu Digital-TV? Wir zeigen um 19 Uhr die Resultate einer Meinungsumfrage.

4. Schockierend! Verpassen Sie auf keinen Fall diesen _____ über Jugendgewalt!

5. Die nächste _____ der beliebten Fernsehserie sehen Sie hier!

2 **Was passt nicht?** Markieren Sie in jeder Reihe das Wort, das nicht passt. Schreiben Sie dann mit jedem markierten Wort einen vollständigen und sinnvollen Satz.

1. das Comicheft / die Zeitung / die Illustrierte / die Monatsschrift

_____

2. die Korrespondentin / der Journalist / der Reporter / der Zuhörer

_____

3. sich informieren / übertragen / erscheinen / senden

_____

4. der Dokumentarfilm / der Schauspieler / der Zeichentrickfilm / die Seifenoper

_____

5. der Bildschirm / die Leinwand / die Liveübertragung / das Radio

_____

3 **Die Medien** Beantworten Sie die folgenden Fragen in vollständigen Sätzen.

1. Lesen Sie regelmäßig Zeitung oder Nachrichten im Internet?

_____

2. Welchen Teil der Zeitung oder Zeitungswebsite lesen Sie?

_____

3. Wie oft sehen Sie fern?

_____

4. Welche Fernsehprogramme sehen Sie regelmäßig?

_____

5. Was machen Sie sonst, um auf dem Laufenden zu bleiben?

_____

4 **Was machen diese Leute?** Beschreiben Sie, wer die Menschen auf den Bildern sind und was sie machen. Verwenden Sie Wörter aus der Liste unten. Beschreiben Sie jedes Bild in zwei vollständigen Sätzen.

aufnehmen	direkt	das Interview	der/die Reporter(in)
berichten	drehen	der/die Journalist(in)	senden
bleiben	einflussreich	die Nachrichten	die Wochenzeitung

 1.    2.

1. _____

_____

2. _____

_____

5 **Radio, Fernsehen, Internet** Beschreiben Sie Ihren Umgang mit den Medien. Welche Medien nutzen Sie regelmäßig? Wie oft und wozu konsumieren Sie diese Medien? Wie informieren Sie sich über die Welt und aktuelle Ereignisse?

_____

_____

_____

_____

_____

_____

_____

_____

_____

_____

_____

_____

_____

_____

_____

KURZFILM

Elsas Geburtstag

1 **Verstehen und interpretieren** Beantworten Sie die folgenden Fragen.

1. Was ist Bernie List von Beruf?

   _____

2. Wie stellen Sie sich seinen Tagesablauf vor?

   _____

3. Warum ist Bernie List so gestresst?

   _____

4. Welche schlechten Gewohnheiten hat Bernie List?

   _____

5. Was für ein Vater ist Bernie List?

   _____

6. Woran erkennt man, dass er seine Tochter liebt?

   _____

7. Warum sehen wir Elsas Mutter nicht im Film?

   _____

8. Wie viele von Elsas Geburtstagen hat Bernie List schon verpasst (*missed*)?

   _____

   _____

2 **Elsas 16. Geburtstag**

Bernie List ist alleinerziehender Vater und möchte immer für seine Tochter Elsa da sein. Meinen Sie, er hat alle Geburtstage von Elsa verpasst? Stellen Sie sich Elsas 16. Geburtstag vor und schreiben Sie auf, was an dem Tag passiert. Verpasst Bernie den Geburtstag wieder? Oder schafft er es diesmal rechtzeitig nach Hause zur Geburtstagsfeier?

_____

_____

_____

_____

_____

_____

_____

_____

_____

STELLEN SIE SICH VOR, ...

Hamburg, Schleswig-Holstein und Mecklenburg-Vorpommern

Die Hanse Ergänzen Sie die Sätze.

1. Die Hanse hat existiert, um die Kaufleute und Händler _____.

   a. aufzuzeichnen   b. zu verkaufen   c. zu schützen

2. Die Hanse war wichtig für die Entwicklung _____.

   a. des Handels   b. des Radios   c. der Seeräuber

3. _____ bedrohten den Handel in der Nord- und Ostsee.

   a. Wikinger   b. Ritter   c. Seeräuber

4. Lübeck ist zum Sitz der Hanse geworden, da die Stadt _____ liegt.

   a. auf einem Berg   b. an der Ostsee   c. in Norddeutschland

5. Die Hanse verbesserte das Leben in den Hansestädten, weil _____.

   a. Lübeck Hauptstadt war   b. die Ritter die Städte schützten   c. die Kaufleute viele Waren importierten

6. Nach der Auflösung der Hanse sind Bremen, Hamburg und Lübeck _____.

   a. Hansestädte geblieben   b. Feinde geworden   c. sehr arm geworden

Entdeckungsreise

Ein Blick aus der Höhe Beschreiben Sie das Bild. Was sehen Sie hier? Was können Sie über dieses Bild sagen?

_____

_____

_____

_____

_____

_____

_____

_____

_____

_____

_____

STRUKTUREN

3.1 Das Präteritum

1   **Skandal!** Wählen sie die richtige Präteritumsform des Verbs in Klammern.

1. Der politische Skandal _____ (stehen) in den Schlagzeilen.

   a. stand   b. standen   c. gestanden   d. stehe

2. Der Richter _____ (nehmen) Schmiergeld (*bribe*).

   a. nahmen   b. nahm   c. nehmen   d. nimmt

3. Viele Journalisten _____ (berichten) darüber.

   a. berichtete   b. berichtet   c. berichteten   d. berichten

4. Sie _____ (haben) keine Angst vor der Zensur.

   a. hast   b. hattest   c. hatten   d. hattet

5. Ich _____ (denke), dass der Skandal interessant war.

   a. gedacht   b. dachtest   c. denke   d. dachte

6. Die Zeitungen _____ (machen) Witze (*jokes*) darüber.

   a. machten   b. machen   c. machtet   d. machte

2   **Jetzt bin ich klüger** Ergänzen Sie die Sätze mit der Präteritumsform des Verbs in Klammern.

1. Früher _____ (verbringen) ich viel Zeit im Kino.

2. Ich _____ (sehen) auch viele Fernsehsendungen.

3. Dann _____ (erkennen) ich, dass ich wenig über aktuelle Ereignisse wusste.

4. Ich _____ (bleiben) nicht auf dem neuesten Stand.

5. Deswegen _____ (lesen) ich schließlich öfter Zeitung.

6. Bald _____ (wissen) ich viel mehr über die Welt.

3   **Sebastians Karriere** Ergänzen Sie den Text mit den Präteritumsformen der Verben aus der Liste.

bekommen	gehen	machen	raten	sprechen	wollen
fragen	haben	müssen	sein	suchen	

Sebastian Matthies (1) _____ 30 Jahre Schauspieler. Aber nach 30 Jahren im

Theater (2) _____ er mal etwas anderes machen. Er (3) _____

zu einer Berufsberaterin und (4) _____ mit ihr über seine Karrierepläne. Sie

(5) _____ Sebastian, Filmschauspieler zu werden. Für den Beruf

(6) _____ er die richtige Erfahrung und er (7) _____ nicht bis

spät in der Nacht im Theater sein. Sebastian (8) _____ sich eine Agentur, die

Filmschauspieler vermittelt (*places*) und (9) _____ schon bald eine Rolle in

einer Fernsehserie. Die Arbeit (10) _____ ihm so viel Spaß, dass er sich

(11) _____, warum er nicht schon viel früher zum Film gewechselt hatte.

4 **Berufswahl** Schon als Kinder wussten diese Menschen, in welchen Berufen sie später arbeiten wollten. Ergänzen Sie jeden Satz mit der richtigen Präteritumsform des Verbs in Klammern.

> **Beispiel**
>
> Jana und Mert sind Journalisten. Schon als Kinder
> schrieben sie Artikel für die Lokalzeitung.

1. Thomas ist Synchronsprecher. Schon als Kind (aufnehmen) _____

2. Marco ist Schauspieler. Schon als Teenager (arbeiten) _____

3. Kerstin und Jutta sind Verlegerinnen. Schon als Schülerinnen (veröffentlichen) _____

_____

4. Marion ist Fotografin. Schon als Kind (entwickeln) _____

5. Carlo ist Werbeagent. Schon als Schüler (verkaufen) _____

6. Ich bin Professor. Schon als Kind (lesen) _____

5 **Kurze Artikel** Schreiben Sie zwei kurze Zeitungsartikel zu beiden Ereignissen unten. Schreiben Sie im Präteritum und berücksichtigen Sie (*consider*) die folgenden Fragen.

- Wer war da?
- Was machten sie?
- Wo war das?
- Wann?
- Warum passierte das?

Ereignis: ein Volkskonzert	Ereignis: ein schwerer Autounfall

6 **Die Entwicklung der Medien** Schreiben Sie einen kurzen Absatz zum Thema Medien. Erwähnen Sie (*mention*), wie sich die Medien entwickelt haben und vergleichen Sie die Einstellung, die verschiedene Generationen gegenüber den Medien haben. Verwenden Sie das Präteritum.

_____

_____

_____

_____

_____

_____

_____

_____

_____

3.2 Coordinating, adverbial, and subordinating conjunctions

1 **Interview mit einem Schauspieler** Ein Journalist interviewt den Schauspieler Alexander Dantès, der den Polizeibeamten Schuhmacher in einer Fernsehsendung spielt. Wählen Sie in jeder Antwort die richtige Konjunktion.

> **JOURNALIST** Herr Dantès, seit wann arbeiten Sie als Schauspieler für die Serie „Der Renner"?
> **DANTÈS** Die Fernsehserie begann, (1) (wann / als) ich 2012 die Uni abschloss.
> **JOURNALIST** Warum hat das Studio Sie für die Rolle ausgewählt?
> **DANTÈS** Ich glaube mein Aussehen (2) (und / denn) meine Persönlichkeit waren die entscheidenden Faktoren.
> **JOURNALIST** Warum sind Sie als Schauspieler so beliebt?
> **DANTÈS** (3) (Da / Oder) ich so charmant bin, mag mich jeder.
> **JOURNALIST** Sie kommen aus der Schweiz. Wie finden Sie das Leben in Hamburg?
> **DANTÈS** Mir gefällt die Großstadt nicht so sehr, (4) (sondern / deswegen) möchte ich zurück in die Schweiz.
> **JOURNALIST** Als Richard Schuhmacher müssen Sie den Hamburger Dialekt können.
> **DANTÈS** Ich kann das, (5) (obwohl / bis) es schwer ist.

2 **Ende einer Fernsehserie!** Ergänzen Sie diesen Absatz über die letzte Folge einer beliebten Seifenoper.

> als   als   also   oder   sonst   wenn

Seit mehr als 10 Jahren sehen Sie sich die beliebte Seifenoper „Alexanderplatz" an,

(1) _____, verpassen Sie nicht die Schlussfolge! Sie freuten sich,

(2) _____ Sara und James heirateten. Sie weinten, (3) _____ sie

sich scheiden ließen. Schalten Sie ein, (4) _____ erfahren Sie nicht, wie alles endet.

Bleibt Heinrich bei Nodira (5) _____ kehrt er wieder zu Simona zurück?

(6) _____ Sie bis jetzt „Alexanderplatz" gesehen haben, dürfen Sie die letzte Folge

der Serie nicht verpassen. Donnerstag Abend sehen Sie alles!

3 **Kinder vor dem Fernseher** Bilden Sie aus jedem Satzpaar einen einzigen Satz mit der Konjunktion in Klammern.

1. Eltern lassen ihre Kinder zuschauen. Fernsehen entspannt Kinder. (weil)

_____

2. Die Kinder schreien dann nicht. Man verletzt sich nicht beim Fernsehen. (außerdem)

_____

3. Die Studios produzieren viele Sendungen für Kinder. Die Kinder sehen sie gern. (denn)

_____

4. Wissenschaftler überlegen. Pädagogische Kindersendungen sind besser. (ob)

_____

5. Die Kinder sollen nicht vor dem Fernseher sitzen. Sie sollen draußen spielen. (sondern)

_____

4   **Sätze bilden** Bilden Sie Sätze mit den angegebenen Elementen. Passen Sie auf die Wortstellung auf.

1. der Produzent / müssen / langweilig / Talkshow / absetzen (*cancel*) / sonst / die Radiostation / viel Geld / verlieren

   _____

2. ich / haben / kein / Kabelfernsehen / weil / es / sein / zu teuer

   _____

3. ich / finden / die Special Effects / langweilig / denn / ich / nur gefallen / interessant / Handlung

   _____

4. der Film / sein / spannend / obwohl / er / sein / lang

   _____

5. wissen / du / dass / die *Bild-Zeitung* / sein / sehr / populär / ?

   _____

5   **Konjunktionen** Beantworten Sie jede Frage mit der angegebenen Konjunktion.

1. Lesen Sie Nachrichten auf dem Handy? (bevor)

   _____

2. Welche Nachrichtensendungen sehen Sie? (weil)

   _____

3. Wer ist Ihr(e) Lieblingsschauspieler(in)? (obwohl)

   _____

4. Wie heißt Ihr Lieblingsfilm? (denn)

   _____

5. Welche Fernsehsendungen finden Sie uninteressant? (seitdem)

   _____

6   **Werbung** Schreiben Sie das Skript für eine Fernsehwerbung. Erzählen Sie, wer die Figuren sind, was sie machen und was das Produkt ist. Verwenden Sie so viele Konjunktionen wie möglich.

aber	also	da	deswegen	nachdem	weil
als	bis	damit	ehe	und	wenn

_____

_____

_____

_____

_____

_____

_____

3.3 Relative pronouns and clauses

1   **Interview** Ergänzen Sie jeden Satz mit dem richtigen Relativpronomen.

   1. Das Interview, _____ ich zuhörte, war besonders interessant.

      a. die   b. das   c. dem   d. dessen

   2. Der Journalist, _____ das Interview führte, stellte gute Fragen.

      a. den   b. der   c. dem   d. dessen

   3. Der Politiker, _____ Ideen sie diskutierten, war nicht so intelligent.

      a. dessen   b. das   c. dem   d. deren

   4. Der Journalist nahm das Interview auf, _____ im Dokumentarfilm erscheint.

      a. den   b. dessen   c. dem   d. das

   5. Viele Fragen, _____ der Film aufwirft (*raises*), werden nicht beantwortet.

      a. die   b. der   c. das   d. deren

2   **Gespräch** Yusuf und Hanna sprechen über ihre Lesegewohnheiten. Bilden Sie aus jedem Satzpaar einen Satz. Verwenden Sie das richtige Relativpronomen aus der Liste.

> der   die   das   den   deren

   1. **ANJA**   Die Neuigkeiten interessieren mich nicht. Die Journalisten berichten über sie.

     _____

   2. **ABDUL**   Die Comichefte sind interessant. Du sammelst sie.

     _____

   3. **ANJA**   Die Comichefte finde ich nicht so gut. Ihre Hauptfiguren sind Superhelden.

     _____

   4. **ABDUL**   Ich bin aber ein Journalist. Ich versuche, immer die Wahrheit zu sagen.

     _____

   5. **ANJA**   Der Artikel über Brösel war interessant. Du hast ihn geschrieben.

     _____

3   **Journalisten, die ihr Leben riskieren** Ergänzen Sie den Absatz mit den fehlenden Relativpronomen.

Das Leben eines Kriegskorrespondenten, (1) _____ Leben oft auf dem Spiel steht, kann interessant sein. Karl Bolourchi, (2) _____ ein Jahr als Korrespondent in Afghanistan war, veröffentlicht ein Buch, (3) _____ seine Erfahrungen und Beobachtungen darstellt. „Die Soldaten, mit (4) _____ ich täglich umging, lernte ich gut kennen. Die Einwohner des Landes, (5) _____ ich jeden Tag sah, waren freundlich, aber nervös", sagt Bolourchi. Wie überstand (*endured*) er die gefährlichen Situationen, (6) _____ er regelmäßig erlebte? „Manchmal war es nur Glück, (7) _____ mich rettete. Aber trotz der Gefahr faszinierte mich die Arbeit in Afghanistan."

Workbook

4 **Beschreibung** Schreiben Sie zu jedem Bild einen Relativsatz mit den angegebenen Informationen.

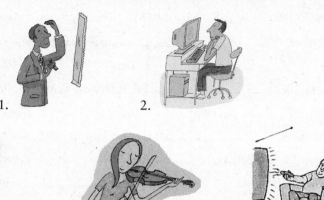

1.   2.

3.   4.   5.

1. Jan ist ein erfolgreicher Reporter. (viel fotografieren) _____

2. Holger ist ein junger Programmierer. (meistens am PC arbeiten) _____

3. Katharina ist eine begeisterte Zeitungsleserin. (oft mit dem Bus fahren) _____

4. Barbara ist eine begabte Musikerin. (manchmal in der Zeitung stehen) _____
   _____

5. Herr Hoffmann ist ein fauler Mensch. (jeden Tag fünf Stunden fernsehen) _____
   _____

5 **Sätze beenden** Ergänzen Sie die Sätze mit Relativpronomen.

1. Ich finde die Livesendung, _____

2. Ich möchte lieber den Zeichentrickfilm sehen, _____

3. Der Agent liest die Pressemitteilung, _____

4. Das Interview, _____

5. Ruf mich, wenn die Sendung kommt, _____

6 **Urlaubspläne** Machen Sie Pläne für Ihren nächsten Urlaub in Nord- und Ostdeutschland. Verwenden Sie die Informationen aus **Stellen Sie sich vor, ...** und schreiben Sie eine E-Mail an die Freunde, mit denen Sie diese Reise machen wollen. Schreiben Sie ihnen, was Sie sehen und machen wollen, und warum. Verwenden Sie Relativpronomen im Nominativ, Akkusativ, Dativ und Genitiv.

_____
_____
_____
_____
_____
_____
_____
_____

Workbook

SCHREIBWERKSTATT

Aufsatz

Schritt 1

Lesen Sie diesen Artikel über Günther Jauch, einen bekannten Moderator.

Seit den 80er Jahren ist der Journalist und Moderator Günther Jauch, dessen Vater auch Journalist war, ein bekanntes Gesicht im deutschen Fernsehen. Jauch ist Absolvent der Deutschen Journalistenschule in München. Bekannt wurde Jauch durch die Quizsendung *Wer wird Millionär*, die er schon lange moderiert. Da die Show sehr erfolgreich ist, verdient der Sender damit viel Geld. Als einer der beliebtesten und bekanntesten Deutschen schützt (*protects*) er sein Familienleben vor den Augen des Publikums; außerdem spendet (*donates*) er einen bemerkenswerten Teil seines Vermögens für philanthropische Zwecke. Wie lange er König der deutschen Quizsendungen bleibt, kann niemand sagen, denn in die Zukunft blicken kann selbst Günther Jauch nicht.

Schreiben Sie alle Konjunktionen und Relativpronomen, die im Text vorkommen in die folgenden Kategorien und geben Sie auch den Kasus an.

Koordinierende Konjunktion:

_____

_____

Subordinieren Konjunktion:

_____

_____

Adverbiale Konjunktion:

_____

_____

Relativpronomen:

_____

_____

Schritt 2

Der Artikel über Günther Jauch steht im Präsens. Finden Sie alle Verben im Text und schreiben Sie die jeweilige Präteritumsform auf.

_____

_____

_____

_____

_____

_____

Schritt 3

Suchen Sie sich eine prominente oder nicht so bekannte Persönlichkeit aus, und schreiben Sie einen Zeitungsartikel mit mindestens zehn Sätzen. Verwenden Sie das Präteritum sowie koordinierende, adverbiale und subordinierende Konjunktionen, Relativpronomen und Relativsätze.

_____

_____

_____

_____

_____

_____

_____

_____

_____

_____

_____

_____

_____

_____

_____

_____

_____

_____

_____

_____

_____

_____

_____

_____

_____

_____

_____

_____

_____

_____

_____

Workbook

ZU BEGINN

Lektion 4

1 **In den Sommerferien** Greta und Tobias sprechen über ihre Ferienpläne. Ergänzen Sie das Gespräch mit den Wörtern aus der Liste.

| angenehm | mieten | segeln | sonnenbaden | surfen | Wohnmobil |
| Ferienort | Segelboot | Skiurlaubsorte | Surfbrett | wandern | Zelt |

GRETA Diesen Sommer möchte ich ein (1) _____ (2) _____ und damit nach Frankreich fahren. Wir können dann überall campen und brauchen (3) _____.

TOBIAS Campen gefällt mir nicht. Ich habe auch keine Lust, im Wald zu (4) _____ und schlechtes Essen zu kochen.

GRETA Ach, ich weiß. Du liebst das Meer. Du willst (5) _____ und (6) _____.

TOBIAS Ja, das macht Spaß! Leider ist ein (7) _____ teuer. Ins Wasser gehe ich deshalb am liebsten mit meinem (8) _____.

GRETA Aber ich kann nicht (9) _____.

TOBIAS Das kann ich dir beibringen! Am Strand ist es so (10) _____. Im Wald gibt es zu viele Insekten.

GRETA Schon gut. Ich komme mit. Aber im Winter wähle ich unseren (11) _____ aus.

TOBIAS Wunderbar! Du kennst die besten (12) _____.

2 **Aktivitäten** Wählen Sie den richtigen Ausdruck für jedes Bild.

a.

b.

c.

d.

e.

f.

_____ 1. der Strand   _____ 4. das Bergsteigen

_____ 2. die Gepäckausgabe   _____ 5. das Segeln

_____ 3. Schlange stehen   _____ 6. die Bordkarte

Workbook

3 **Im Reisebüro** Stellen Sie sich vor, Sie sind im Reisebüro. Beantworten Sie die folgenden Fragen.

1. Wann haben Sie Urlaub? Im Sommer, Herbst, Winter oder Frühling?

_____

2. Wie lange können Sie verreisen?

_____

3. Wohin möchten Sie reisen?

_____

4. Was möchten Sie während des Urlaubs machen? Wollen Sie kulturelle Sehenswürdigkeiten besichtigen, einen Aktivurlaub machen oder vielleicht auf eine Abenteuerreise gehen?

_____

5. Wie möchten Sie reisen? Mit dem Schiff? Mit dem Zug? Mit dem Auto? Oder mit dem Fahrrad?

_____

4 **Unterwegs und vor Ort** Beschreiben Sie in zwei Sätzen, was die Menschen auf den Fotos machen.

1.   2.   3.

1. _____

_____

2. _____

_____

3. _____

5 **Was macht Ihnen Spaß?** Beschreiben Sie, was Sie im Urlaub gern machen.

_____

_____

_____

_____

_____

_____

_____

_____

_____

_____

KURZFILM

Björn oder die Hürden der Behörden

1   **Alles verstanden?** Beantworten Sie die folgenden Fragen.

1. Welches Problem hat Björn mit seinem Reisepass?

   _____

2. Wie viel Zeit hat Björn, bis das Flugzeug abfliegt?

   _____

3. Wie könnte man Björn am besten beschreiben? Chaotisch oder ordentlich?

   _____

4. Es gibt ein weiteres Problem mit seinem Reisepass. Was stimmt nicht im Pass?

   _____

5. Wohin reist Björn? In welchem Jahr ist Herr Schnitzelhuber dort gewesen?

   _____

6. Was fehlt Björn in der U-Bahn? Warum muss er auf die Polizeiwache?

   _____

7. Warum kommt Björn in Abschiebehaft?

   _____

8. Wie lange müssen die Passagiere warten, bis das Flugzeug abfliegt?

   _____

2   **Die Zukunft von Björn und Anja**

Eine deutsche Abkürzung lautet SSKM. Das heißt „Selber schuld, kein Mitleid". Was meinen Sie? Inwiefern ist Björn „selber schuld"? Haben Sie Mitleid mit ihm? Björn hat Angst, dass seine Freundin ihn verlassen wird. Sollte sie ihn verlassen? Was wird passieren, wenn Björn und Anja in der Türkei ankommen? Wird ihnen die Reise Spaß machen oder wird es weitere Probleme geben?

_____

_____

_____

_____

_____

_____

_____

_____

Bremen, Niedersachsen und Nordrhein-Westfalen

Richtig oder falsch? Markieren Sie **richtig** oder **falsch** für jede Aussage. Stellen Sie die falschen Sätze richtig.

Richtig	Falsch	
○	○	1. Der Karneval beginnt in Deutschland erst nach Weihnachten.
		_____
○	○	2. In Köln und in Düsseldorf feiern die Menschen gern und oft.
		_____
○	○	3. Der Rosenmontagszug ist der Höhepunkt des Karnevals.
		_____
○	○	4. Nur die Düsseldorfer tragen beim Karneval Masken und Kostüme.
		_____
○	○	5. Am Altweibertag haben die Frauen die Macht über die Männer.
		_____
○	○	6. Nach Aschermittwoch fasten die Katholiken bis zum nächsten 11.11. um 11 Uhr 11.
		_____

Entdeckungsreise

Die Narren sind los Beschreiben Sie das Foto. Wo könnte das sein und was ist hier los?

_____

_____

_____

_____

_____

_____

_____

_____

_____

_____

_____

_____

_____

STRUKTUREN

4.1 Das Futur

1 **Sebastian macht Urlaub** Sebastian hat vor, im Urlaub nach Bremen zu reisen. Ergänzen Sie die folgenden Sätze mit den richtigen Formen der Verben.

1. Die Ferien _____ bald anfangen.

   a. wird   b. werden   c. werdet   d. werde

2. Sebastian _____ mit dem Zug nach Bremen fahren.

   a. wird   b. werde   c. wirst   d. werden

3. Dort _____ er seine Freundin Anna besuchen.

   a. werdet   b. wirst   c. werden   d. wird

4. Sebastian und Anna _____ zum Strand gehen.

   a. Wirst   b. Wird   c. Werden   d. Werdet

5. „_____ ihr den kleinen Liam mitnehmen?", fragt Annas Mutter.

   a. Werdet   b. Wird   c. Werden   d. Wirst

6. „Nächstes Mal _____ wir ihn mitnehmen", antworten Sebastian und Anna.

   a. wird   b. werden   c. wirst   d. werdet

2 **Marcos E-Mail** Ergänzen die E-Mail mit den richtigen Futurformen der Verben in Klammern.

Von:	marco003@uni-bremen.de
An:	dtimperatrix@gmx.de
Betreff:	Katastrophe!

Liebe Maria,

schlechte Nachrichten! Ich (1) _____ dich in der Schweiz nicht
_____ (sehen)! Meine Eltern (2) _____ mich hier in Bremen
_____ (behalten). An der Nordsee zu sein, ist nicht allzu schlecht, doch
wir (3) _____ uns nicht _____ (treffen)! Stattdessen
(4) _____ meine Eltern und ich eine Schiffsreise nach Wangerooge
_____ (machen). Da es auf Wangerooge keine Autos gibt,
(5) _____ wir Fahrräder _____ (mieten). Ich
(6) _____ auf jeden Fall in der Sonne _____ (liegen). In
den Alpen (7) _____ du stets im Wald _____ (arbeiten).
Ich glaube, meine Bräune (8) _____ besser _____ (sein)
als deine! Oder (9) _____ ihr Praktikanten Zeit für einen Ausflug ans Meer
_____ (haben)? Es tut mir Leid, dass ich nicht bei dir sein kann. Meine Eltern
(10) _____ meine Tickets nicht _____ (bezahlen) und ich will
nicht jobben. Ich (11) _____ eine Sandburg für dich _____
(bauen). (12) Dich _____ ich sehr _____ (vermissen)!
Tschüss!

Dein Marco

Workbook

3 **Was wirst du tun?** Schreiben Sie die Sätze im Präsens ins Futur um.

1. Wir reisen diesen Sommer nach Wangerooge.

   _____

2. Wo verbringst du den Sommer?

   _____

3. Wie bezahlst du für diese Reise?

   _____

4. Arbeitest du wieder beim Kaufhaus Breuniger?

   _____

5. Eine Reise in die Schweiz ist teuer.

   _____

6. Am besten kommst du mit uns nach Wangerooge.

   _____

4 **Wie sieht die Zukunft aus?** Wird sich der Tourismus in 100 Jahren verändert haben? Beantworten Sie die folgenden Fragen.

1. Wohin werden die Menschen reisen?

   _____

2. Wie werden sie reisen?

   _____

3. Welche Art Kraftstoff (*fuel*) werden sie brauchen?

   _____

4. Was werden sie in den Urlaub mitnehmen?

   _____

5. Welche Sehenswürdigkeiten werden am bekanntesten sein?

   _____

6. Wie viel Zeit werden die Menschen im Urlaub verbringen können?

   _____

5 **Nächsten Sommer** Wohin werden Sie in den nächsten Sommerferien verreisen? Wie werden Sie Ihre Zeit verbringen? Mit wem werden Sie reisen? Schreiben Sie mindestens fünf Sätze.

_____

_____

_____

_____

_____

_____

4.2 Adjectives (Part 1)

1 **Köln besuchen** Wählen Sie die richtige Form des Adjektivs.

1. Die (kurze / kurzen) Reise nach Köln lohnt sich.
2. Der (alter / alte) Dom steht gleich neben dem Bahnhof.
3. Den (berühmtem / berühmten) Dreikönigenschrein muss man unbedingt sehen.
4. Wir können auch einen (schönem / schönen) Spaziergang durch die Innenstadt machen.
5. Erst sollten wir ein (interessante / interessantes) Museum besuchen.
6. Das Römisch-Germanische Museum hat viele (exotische / exotischen) Kunstwerke.
7. Kommt man in der Karnevalszeit, trifft man auf einen (verrückten / verrückter) Umzug.
8. Mit dem (preisgünstigem / preisgünstigen) Schönes-Wochenende-Ticket kommt man billig, aber langsam nach Hause.

2 **Tourismus im Ruhrgebiet** Ergänzen Sie die Broschüre über das Ruhrgebiet mit den richtigen Formen der Adjektive in Klammern.

Kommen Sie in die (1) _____ (interessant) Kulturhauptstadt Europas! Dieses

(2) _____ (ehemalig) Industriegebiet hat sich zum (3) _____ (neu)

Zentrum der Freizeit- und Erlebniskultur gewandelt. Interessieren Sie sich für Sport? Die Veltins-

Arena ist ein (4) _____ (modern) Fußballstadion. Kultur? Das Folkwang Museum

bietet (5) _____ (wunderbar) Kunstausstellungen. Geschichte? Hier finden Sie

(6) _____ (alt) Industriearchitektur, die zu (7) _____ (faszinierend)

Nachtleben erwacht. Egal was Sie suchen – bei uns erwartet Sie ein (8) _____

(großartig) Angebot.

3 **Ökotourismus** Schreiben Sie Sätze mit den angegebenen Elementen.

Beispiel

> Ökotourismus / sein / eine / spannend / Reisemöglichkeit
> *Ökotourismus ist eine spannende Reisemöglichkeit.*

1. ich / wählen / ein / grün / Verkehrsmittel

   _____

2. Ökotourismus / sein / nicht nur / für / jung / Reisende

   _____

3. ich / bewahren / die / natürlich / Schönheit der Gegend

   _____

4. wir / berichten / von / naturnah / Erlebnisse

   _____

5. du / kennen lernen / neu / Traditionen

   _____

6. ander / Touristen / wollen / ein / laut / Diskoabend

   _____

Workbook

4 **Wie verbringen Sie den Urlaub?** Beantworten Sie die Fragen und verwenden Sie dabei viele Adjektive.

1. Haben Sie irgendwann einmal einen schlechten Urlaub erlebt? Wo war das und mit wem?

_____

_____

2. Was ging während der Reise schief?

_____

_____

3. Wie haben Sie und Ihre Mitreisenden reagiert?

_____

_____

4. Wann haben Sie einen sehr schönen Urlaub gehabt? Wohin sind Sie gereist, wie und mit wem?

_____

_____

5. Warum war die Reise gut?

_____

_____

5 **Eine Marketingbroschüre** Sie arbeiten für eine Marketingfirma, die eine Broschüre für das Tourismusbüro Ihrer Stadt gestalten soll. Schreiben Sie den Text für die Broschüre mit so vielen Adjektiven wie möglich.

aktiv	echt	fabelhaft	schön
angenehm	einzigartig	interessant	spektakulär
bekannt	exotisch	modern	wunderbar

_____

_____

_____

_____

_____

_____

_____

4.3 Adjectives (Part 2)

1 **So feiern wir Karneval** Ergänzen Sie die Sätze mit den richtigen Formen der Adjektive.

1. In Düsseldorf wird Karneval mit einer _____ Portion (*f.*) Humor gefeiert.

   a. ordentlicher   b. ordentliche   c. ordentlichem   d. ordentlichen

2. _____ Karnevalssaison beginnt am 11.11. um 11.11 Uhr.

   a. Jeder   b. Jedem   c. Jedes   d. Jede

3. Der Hoppeditz ist das _____ Symbol des Karnevals.

   a. närrischen   b. närrische   c. närrisches   d. närrischem

4. Er wartet im _____ Senftöpfchen.

   a. riesige   b. riesiger   c. riesigem   d. riesigen

5. Ein _____ Umzug findet am Rosenmontag statt.

   a. großer   b. großes   c. große   d. großen

2 **Der kommende Sommer** Ergänzen Sie den Dialog mit den richtigen Formen der Adjektive aus der Liste.

| arbeitsreich | entspannend | interessant | international | schön | wertvoll |

LENA Mein Freund verbringt diesen Sommer auf Wangerooge, einer (1) _____ Nordseeinsel.

SOPHIA Macht er dort eine (2) _____ Aktivreise?

LENA Ja, er wird sich entspannen und jeden Tag so nehmen, wie er kommt. Ich aber werde einen (3) _____ Sommer im Büro verbringen. Ich mache ein (4) _____ Praktikum bei einer (5) _____ Firma in der Schweiz.

SOPHIA Klasse! Da wirst du sicher viele (6) _____ Erfahrungen (*experience*) sammeln.

3 **Karneval** Beantworten Sie die folgenden Fragen. Der unterstrichene Satzteil muss in der Antwort das Subjekt sein.

> **Beispiel**
>
> Lassen Männer am Altweibertag die langen Krawatten zu Hause?
> Die langen Krawatten bleiben am Altweibertag zu Hause.

1. Feiert man überall in deutschsprachigen Ländern Karneval?

   Ja. _____

2. Haben die Düsseldorfer neugierige Besucher während der Karnevalszeit gern?

   Ja. _____

3. Bringen die Frauen am Altweibertag scharfe Scheren mit?

   Ja. _____

4. Endet der Karneval vor der nüchternen Fastenzeit?

   Ja. _____

Workbook

4 **Was machen diese Menschen?** Beschreiben Sie, was die Personen auf den Bildern gerade machen. Verwenden Sie die Adjektive aus der Liste.

angenehm	entspannend	interessant	spannend
anstrengend	exotisch	lang	verspätet
einzigartig	frustriert	schön	zivilisiert

1. _____
2. _____
3. _____
4. _____
5. _____
6. _____

5 **In der Freizeit** Verwenden Sie Adjektive, um diese Aktivitäten zu beschreiben.

Aktivität: eine Woche auf einer Kreuzfahrt verbringen	**Aktivität:** einen Tag in der Großstadt verbringen
Beschreibung: _____ _____ _____ _____	Beschreibung: _____ _____ _____ _____

6 **Karneval in Düsseldorf** Stellen Sie sich vor, Sie sind Tourist(in) während der Karnevalszeit in Düsseldorf. Beschreiben Sie die Ereignisse und verwenden Sie dabei verschiedene Adjektive.

_____
_____
_____
_____
_____

Workbook

SCHREIBWERKSTATT

Aufsatz

Schritt 1

Im folgenden Text erzählt Lukas, wohin er dieses Jahr reisen will, was er während seiner nächsten Ferien machen wird, und wie er dahin kommt. Welche Tempora verwendet Lukas? Markieren Sie die Verben und schreiben Sie auf, in welchem Tempus jedes Verb steht.

> Tag! Ich bin Lukas Gutmeyer. Letzten Sommer habe ich mit meiner Freundin eine entspannende Kreuzfahrt zur schönen Insel Kuba gemacht. Problematisch war, dass die langsame Fahrt über den Atlantischen Ozean zu lange gedauert hat. Dann verzögerte sich die Fahrt noch um zwei weitere Tage, weil das alte Schiff Reparaturen brauchte – und ich musste doch unbedingt zurück an meinen Arbeitsplatz! Dieses Jahr fliegen wir. Wir machen einen kurzen, einfachen Urlaub in den USA. Minnesota haben wir noch nie gesehen und ich möchte den Lake Superior mit dem Kajak erkunden. Nächstes Jahr möchte ich dann mal auf einen anderen Kontinent reisen. Ich habe Lust auf etwas Spannendes – etwas im Fernen Osten! Wir werden mit der transsibirischen Eisenbahn nach Wladiwostok fahren. Wir werden unterwegs auch den berühmten Baikalsee besichtigen. Von Wladiwostok werden wir nach Japan fliegen. Dort können wir Tokio und Kioto besuchen. Zurück nach Deutschland werden wir aber nicht den Zug nehmen. Eine lange Zugfahrt ist genug. Nach Hause werden wir fliegen.

_____

_____

_____

_____

_____

_____

_____

_____

Schritt 2

Lesen sie den Aufsatz noch einmal. Markieren Sie jetzt alle Adjektive und erklären Sie die Endungen.

_____

_____

_____

_____

_____

_____

_____

_____

_____

Schritt 3

Nun sind Sie dran! Beschreiben Sie, wo und wann Sie nächsten Sommer Urlaub machen werden, was Sie unternehmen werden und wie Sie dorthin kommen. Schreiben Sie mindestens zehn Sätze. Verwenden Sie das Futur und Adjektive.

_____

_____

_____

_____

_____

_____

_____

_____

_____

_____

_____

_____

_____

_____

_____

_____

_____

_____

_____

_____

_____

_____

_____

_____

_____

ZU BEGINN

1 **Was passt zusammen?** Wählen Sie zu jedem Wort auf der linken Seite ein verwandtes Wort auf der rechten Seite.

_____ 1. der Schriftsteller   a. der Aufsatz

_____ 2. die Bildhauerin   b. der Roman

_____ 3. der Maler   c. das Theaterstück

_____ 4. der Dramatiker   d. das Musical

_____ 5. der Essayist   e. das Porträt

_____ 6. die Komponistin   f. die Skulptur

2 **Ihr neuer Roman** Ergänzen Sie diese Rezension über einen neuen Roman mit dem richtigen Wort aus der Liste unten.

avantgardistisch	Meisterwerk	Schriftstellerin
Figuren	Novelle	spielt
Handlung	Roman	tragische

Die (1) _____ Anita Holke hat sich mit ihren kurzen Schriften als fähige

Erzählerin erwiesen. Die (2) _____ *Merkur* ist ein kleines (3) _____

der Erzählkunst. Im Genre des langen Romans aber stößt ihre Kunst an ihre Grenzen (*reach its*

limits). Der (4) _____ heißt *Unendliche Kraft* und schon nach wenigen Seiten

versteht der Leser, dass nicht die (5) _____ im Buch über „unendliche Kraft"

verfügen (*have at disposal*), sondern die Erzählerin, die beinahe endlos schreiben kann.

Die (6) _____ ist schwer zu beschreiben, da sie sehr (7) _____

ist. Der (8) _____ Tod eines Bahnarbeiters verursacht (*caused*) eine Reihe schwieriger

Situationen. Positiv an diesem Buch ist der Schauplatz: Die Geschichte

(9) _____ in Kiel, und zwar im Jahr 1920. Durch Holkes schöne Beschreibungen

kann man sich die Stadt sehr genau vorstellen.

3 **Wer macht was?** Ordnen Sie jedem Ausdruck das richtige Bild zu.

a.

b.

c.

d.

_____ 1. Max, Jan und Florian sind Musiker.

_____ 2. Heike ist Malerin.

_____ 3. Sven liest gern Romane.

_____ 4. Greta und Maria üben (*practice*) für das Orchester.

4 **Interessieren Sie sich für Kunst?** Beantworten Sie die folgenden Fragen in vollständigen Sätzen.

1. Welche Künste (z.B. Literatur, Drama, bildende Künste) gefallen Ihnen?

_____

2. Haben Sie eine(n) Lieblingsschriftsteller(in) oder Dichter(in)? Wie heißt er oder sie?

_____

3. Haben Sie eine(n) Lieblingsmaler(in)? Wie heißt er oder sie?

_____

4. Gehen Sie manchmal ins Theater? Was sehen Sie dort gern oder nicht gern?

_____

5. Sind Sie auch Künstler(in) oder kennen Sie einen Künstler/eine Künstlerin? Was machen Sie oder was macht er/sie?

_____

5 **Was sind sie von Beruf?** Schauen Sie sich die Bilder an und geben Sie zu jedem Bild eine kurze Beschreibung. Welche Berufe haben die Menschen auf den Bildern?

 1.    2.    3.

1. _____

_____

2. _____

_____

3. _____

_____

6 **Aus dem Vorlesungsverzeichnis** Sie studieren ein Semester an einer deutschen Universität. Sie müssen mindestens einen der folgenden Pflichtkurse über Literatur, Drama oder Kunst belegen. Schreiben Sie einen Absatz und erklären Sie, welchen Kurs Sie belegen und warum.

- Literatur der Weimarer Republik
- Einführung in die Musikwissenschaft
- Die Skulptur der hellenistischen Zeit
- Theater im 18. Jahrhundert

_____

_____

_____

_____

_____

Workbook

KURZFILM

Nashorn im Galopp

1 **Verstehen Sie?** Beantworten Sie die folgenden Fragen zum Film *Nashorn im Galopp*.

1. Was bedeutet *Genius loci*?

_____

2. Wie viele Menschen wohnen in Brunos Stadt und wie viele kennt er?

_____

3. Wo und wie lernt Bruno Vicky kennen?

_____

4. Wie beschreibt Bruno Vicky? Was sagt er?

_____

5. Warum macht Vicky die Fotos mit dem Pfeil?

_____

6. In wie vielen Ländern hat Vicky schon gelebt? Warum zieht sie so oft um?

_____

7. Wer ist Fernando?

_____

8. Was macht Bruno am Ende des Films?

_____

2 **Wie geht es weiter?**

Bruno ist ein introvertierter Einzelgänger. Seine Verzweiflung über Vickys Abreise äußert sich in einem Wutausbruch (*fit of rage*), in dem er Vicky beleidigt. Am Ende des Films entschuldigt er sich bei ihr, aber reicht das (*is it enough*)?

Wie glauben Sie, geht die Geschichte weiter? Kann Vicky Bruno seinen Wutausbruch verzeihen? Bleiben sie in Kontakt auch nachdem Vicky abgereist ist? Gibt es für die beiden eine Zukunft?

_____

_____

_____

_____

_____

_____

_____

_____

Workbook

Österreich

Die Schönheit und Kultur Österreichs Ergänzen Sie die Sätze mit den richtigen Wörtern aus der Liste unten.

Bodensee	Kaffeehaus	Mittelalters	Skiorte
Dialekt	Luft	Reiches	Wunderkind

1. In Salzburg ist die Geschichte des _____ noch zu sehen.

2. Als Komponist und Musiker war Mozart ein _____.

3. Wien war das Zentrum des Habsburger _____.

4. Im österreichischen _____ kann man eine Melange trinken.

5. Bekannte _____ befinden sich in der Nähe des Wörthersees.

6. Die _____ in den Alpen ist klar und gesund.

7. Bregenz ist eine kleine Stadt, die am _____ liegt.

8. Der österreichische _____ ist nicht leicht zu sprechen.

Entdeckungsreise

Lecker! Beschreiben Sie, was auf dem Bild zu sehen ist. Was ist das? Was wissen Sie darüber?

_____

_____

_____

_____

_____

_____

_____

_____

_____

_____

_____

_____

_____

_____

_____

STRUKTUREN

5.1 Modals

1 **Laura macht Kunst** Laura ist Künstlerin und arbeitet viel. Ergänzen Sie jeden Satz mit der richtigen Präsensform des Modalverbs.

1. Laura _____ (willst / will) zwei Gemälde malen.

2. Die Gemälde _____ (sollen / sollt) lebendige Farben haben.

3. Laura _____ (kann / können) auch Skulpturen hauen (*carve*).

4. Sie _____ (darfst / darf) nur während des Tages arbeiten.

5. Die Nachbarn _____ (mögen / mögt) es nicht, wenn sie laut arbeitet.

6. Laura _____ (könnt / kann) jeden Monat nur drei Kunstwerke schaffen.

2 **Freiheit der Kunst** James ist ein Maler aus einem Land, das Kunstwerke zensiert. Nun lebt er in Österreich. Ergänzen Sie den Absatz mit der richtigen Präteritumsform des Verbs in Klammern.

Ich (1) _____ (wollen) schon immer ohne Zensur malen. In meinem Heimatland

(2) _____ (müssen) ich entweder unpolitisch malen oder ich (3) _____ (können)

meine Gemälde nicht öffentlich zeigen. Niemand (4) _____ (wollen) meine Arbeit

unterstützen (*support*). Das Publikum (5) _____ (dürfen) meine Kunstwerke nicht sehen.

Schließlich (6) _____ (müssen) ich mein Heimatland verlassen. Als ich in Österreich

ankam, (7) _____ (können) ich als Künstler meinen Lebensunterhalt (*living*) zunächst

nicht verdienen. Doch später (8) _____ (sollen) ich Tag und Nacht malen.

3 **Was tun?** Sehen Sie sich die Bilder an. Schreiben Sie mit dem angegebenen Modalverb, was die Person auf dem Bild machen darf, muss, soll, kann oder will.

Beispiel

Wolfgang / wollen

Wolfgang will eine Novelle schreiben.

1.   2.   3.   4.

1. Martina und Andreas / können _____

2. Die Studenten / sollen _____

3. Philip / müssen _____

4. Alexandra / mögen _____

4 **Arbeit statt Spaß** Sie sprechen mit Freunden über ein Wochenende, an dem viel los war. Schreiben Sie auf, was jede Person während des Wochenendes machen wollte und was sie stattdessen machen musste.

> **Beispiel**
>
> Simon
> Simon wollte am Sonntag ins Museum gehen, aber er musste einen Aufsatz schreiben.

1. Michaela und Julius _____

2. Sarah _____

3. Ich _____

4. Du und Sebastian _____

5. Ali _____

6. Wir _____

5 **Kunst und Bildung** Ist es notwendig, Kunst und Literatur kennen zu lernen? Beantworten Sie die folgenden Fragen mit verschiedenen Modalverben.

1. Müssen gebildete (*educated*) Menschen sich mit Kunst auskennen?

   _____

2. Welche Bücher sollte jeder gebildete Mensch gelesen haben?

   _____

3. Welche Künste möchten Sie besser kennen?

   _____

4. Welche Künstler muss ein gebildeter Mensch kennen?

   _____

5. Wo kann man Kunst sehen?

   _____

6. Was muss man sonst machen, damit man sich mit Kunst gut auskennt?

   _____

6 **Österreich besuchen** Ihre deutsche Brieffreundin Lisa besucht nächsten Monat Österreich. Sie werden mit ihr eine Woche dort verbringen. Lesen sie den Artikel im Teil **Stellen Sie sich vor, ...** dieser Lektion und schreiben Sie ihr eine E-Mail. Erzählen Sie, was Sie und Lisa in Österreich machen wollen, müssen, können und sollen, während Sie dort sind. Schreiben Sie mindestens sechs Sätze.

_____

_____

_____

_____

_____

_____

5.2 Comparatives and superlatives

1 **Kritik** Entscheiden Sie, ob die Sätze einen Komparativ oder einen Superlativ enthalten.

1. Jan Kratzels neuer Roman ist so gut wie sein erster.
2. Ulrika Nettlaus' zweite Novelle ist interessanter als die erste.
3. Fayeed Rauf hat das beste Buch des Jahres geschrieben.
4. Markus Lewins Gedichte sind die schlechtesten Strophen, die ich je gelesen habe.
5. Andreas Libermans Kriminalroman ist das spannendste Buch, das ich je gelesen habe.
6. Trotzdem sind Libermans Theaterstücke realistischer als seine Romane.

	Komparativ	Superlativ		Komparativ	Superlativ
1.	○	○	4.	○	○
2.	○	○	5.	○	○
3.	○	○	6.	○	○

2 **Fabian und Nadezda in Wien** Axel und Nadezda sprechen über Cafés und Kunst in Wien. Schreiben Sie die richtige Komparativ- oder Superlativform des Adjektivs in Klammern in die Lücke.

NADEZDA Was machst du denn hier in Wien?

FABIAN Kennst du MAK?

NADEZDA Na klar! Das ist das (1) _____ (bekannt) Kunstmuseum Österreichs.

FABIAN Genau. Diesen Sommer arbeite ich dort als Praktikant.

NADEZDA Das ist ja super! Du bist der (2) _____ (interessant) Künstler, den ich kenne. Hast du dort eine Ausstellung?

FABIAN Mach keine Witze (*joke*). Meine Gemälde kann man in einem (3) _____ (klein) Kunsthaus finden. Willst du ein Exemplar sehen? Ich kann dir mein Selbstporträt auf dem Handy zeigen. Es ist mein (4) _____ (schön) Werk. Das bin ich als ein (5) _____ (primitiv) Lebewesen.

NADEZDA Genial! Mir gefallen aber besonders deine (6) _____ (alt) Gemälde.

3 **Kunst vergleichen** Schreiben Sie Sätze über Kunst mit Gleichheitskomparativ (=), Ungleichheitskomparativ (+ / −) oder Superlativ (++).

Beispiel

Beethovens 9. Sinfonie / schön (++) / Orchesterstück der Geschichte
Beethovens 9. Sinfonie ist das schönste Orchesterstück der Geschichte.

1. die Totenmaske des Tutanchamun / alt (+) / alle griechische Kunst

_____

2. Giottos Gemälde / kreativ (+) / die Gemälde seiner Zeitgenossen

_____

3. Gerhard Richter / abstrakt (=) / Anselm Kiefer / malen

_____

4. *Krieg und Frieden* / lang (++) / russischer Roman des 19. Jahrhunderts

_____

5. die Erzählungen von Franz Kafka / lang (−) / die Erzählungen von Marcel Proust

_____

Workbook

Workbook

4 **Beschreibung** Wählen Sie Adjektive aus der Liste unten, die Rockmusik und klassische Musik beschreiben. Schreiben Sie mit jedem Adjektiv einen Satz im Komparativ oder Superlativ.

| gut | langweilig | primitiv | schön |
| komplizert | laut | ruhig | spannend |

Rockmusik	klassische Musik

_____

_____

_____

_____

_____

5 **Skulpturen** Sehen Sie sich die Bilder an und schreiben Sie mindestens sechs Sätze mit Komparativen und Superlativen.

_____

_____

_____

_____

_____

_____

_____

_____

5.3 *Da-* and *wo*-compounds; prepositional verb phrases

1 **Das Musikfestival** Wählen Sie für jeden Satz die richtige Präposition.

An:	Lynne.Leslowski@gmx.de
Von:	kath.fuger@salzburgfestival.at
Betreff:	Achten Sie **(1) (für / auf)** die Frist.

Sehr geehrte Frau Leslowski,

wie Sie wissen, bereiten wir uns **(2) (auf / für)** die Festspiele vor. Sie haben sich **(3) (um / an)** eine befristete Arbeitsstelle beworben. Dazu müssen Sie zwei Wochen vor Beginn des Festivals **(4) (in / an)** einem Trainingsseminar teilnehmen. Wir haben noch nichts von Ihnen gehört. Wir bitten Sie **(5) (für / um)** eine Antwort: Werden Sie **(6) (in / an)** diesem Projekt mitarbeiten? Wenn Sie nicht in Salzburg wohnen, können Sie während des Seminars **(7) (in / über)** der Jugendherberge wohnen. Wir verlassen uns **(8) (mit / auf)** Sie.

Mit freundlichen Grüßen

Katharina Fuger

2 **Tina Roman** Bilden Sie einen neuen Satz, indem Sie den unterstrichenen Ausdruck mit dem richtigen **da**-Kompositum ersetzen.

> **Beispiel**
>
> Tina ist stolz <u>auf ihren Roman</u>.
> Sie ist stolz darauf.

1. Sie hat einen Roman <u>über Traum und Wirklichkeit</u> geschrieben.

_____

2. Tina hat oft <u>an das Thema</u> gedacht.

_____

3. Der Roman besteht <u>aus zehn langen Briefen</u>.

_____

4. Sie interessiert sich seit langem <u>für den Briefroman</u>.

_____

5. Sie hat sich immer vor und nach der Arbeit <u>mit dem Roman</u> beschäftigt.

_____

3 **Wie bitte?** Ein Freund erzählt Ihnen, was er während seines Besuchs in Österreich gemacht hat. Sie sind aber nicht ganz sicher, ob Sie ihn richtig verstanden haben. Bitten Sie um eine Wiederholung seiner Aussagen. Verwenden Sie die richtige Form der **wo**-Komposita.

1. Ich habe erst etwas <u>über die Stadt</u> gelesen.

_____

2. Ich habe den Reiseplan <u>mit dem Rechner</u> gemacht.

_____

3. Ich habe besonders <u>auf mögliche Verspätungen</u> geachtet.

_____

4. Der ganze Reiseplan hing <u>von einer knappen Zeit zum Umsteigen</u> ab.

_____

5. Ich halte Wien <u>für die schönste Stadt Europas</u>.

_____

4 **Liebe in der Bibliothek** Sehen Sie sich die Bilder unten an und schreiben Sie eine Geschichte über Anna und Jonas. Verwenden Sie die Ausdrücke aus der Liste.

achten auf	fragen nach	klagen über	streiten über
danken für	gehen um	leiden an	verzichten auf
denken an	halten für	schützen vor	zweifeln an

_____
_____
_____
_____
_____
_____
_____
_____
_____
_____
_____
_____
_____

5 **Gespräche** Schreiben Sie kurze Gespräche mit den angegebenen Verben in Klammern.

> **Beispiel**
>
> **YUSUF** (teilnehmen): Ich möchte am Seminar teilnehmen.

1. **GABRIELE** (bestehen): _____

    STEFAN (antworten): _____

2. **PAUL** (achten): _____

    JULIA (danken): _____

3. **ANNIKA** (aufhören): _____

    DANIEL (arbeiten): _____

4. **ALEXANDER** (glauben): _____

    FRANK (schwören): _____

5. **HASAN** (bleiben): _____

    ANNA (sorgen): _____

6. **ALI** (zweifeln): _____

    LINA (sprechen): _____

SCHREIBWERKSTATT

Aufsatz

Schritt 1

Lesen Sie diese Rezension eines Romans.

Der Vorleser (Bernhard Schlink, 1995) ist das überraschendeste Buch der neunziger Jahre. Der Roman besteht aus zwei Teilen. Der erste Teil beginnt damit, dass der kranke Schüler Michael Berg der Straßenbahnschaffnerin Hanna Schmitz begegnet. Daraus entsteht ein Verhältnis zwischen den beiden, das Hanna schließlich beenden muss. Aber sie spricht mit Michael nicht darüber, sondern verschwindet einfach. Michael kann nur Vermutungen darüber anstellen, wie es dazu gekommen ist. Der zweite Teil ist so interessant wie der erste. Nachdem Michael etwas älter geworden ist, studiert er Jura und nimmt an einem Seminar über Konzentrationslager teil. Dabei muss er sich zu seiner Überraschung den Prozess seiner ehemaligen Geliebten anschauen. Worum geht es? Hanna Schmitz ist eines Verbrechens während der NS-Zeit angeklagt und Michael muss sich damit beschäftigen, auch wenn er nicht will.

Einige Kritiker behaupten, dass der Schriftsteller Hanna in Schutz (*protection*) nimmt und die Geschichte der NS-Zeit verharmlost (*play down*). Jeder, der sich für deutsche Geschichte und Literatur interessiert, sollte dieses Buch lesen und sich selber ein Urteil darüber bilden.

Machen Sie einen Kreis um alle Modalverben und Verben mit Präpositionen. Unterstreichen Sie alle Superlative und Komparative und markieren Sie, ob es Komparative der Gleichheit oder Ungleichheit sind.

_____

_____

_____

_____

_____

_____

_____

Schritt 2

Denken Sie an ein Buch, das Sie vor kurzem gelesen haben, und das Ihnen sehr gefällt (oder nicht gefällt) und ergänzen Sie die Tabelle.

Schriftsteller	
Titel	
Genre	
Figuren	
Handlung	
Themen	

Workbook

Workbook

Schritt 3

Schreiben Sie jetzt Ihre eigene Rezension eines Buches. Erklären Sie, worum es in dem Buch geht, was Ihnen gefällt und nicht gefällt, was man als Schriftsteller anders machen kann und wie sich das Buch mit anderen Büchern, die Sie kennen, vergleichen lässt. Verwenden Sie Modalverben, Komparative, Superlative, **da**-Komposita, **wo**-Komposita und Verben mit Präpositionen.

_____

_____

_____

_____

_____

_____

_____

_____

_____

_____

_____

_____

_____

_____

_____

_____

_____

_____

_____

_____

_____

_____

_____

_____

_____

_____

_____

ZU BEGINN

Lektion 6

1

Welches Wort passt nicht? Sehen Sie sich die Wörter an und markieren Sie in jeder Reihe das Wort, das nicht dazugehört.

1. würzig / widerlich / salzig / pikant
2. der Sauerbraten / das Schweinekotelett / der Vegetarier / das Brathähnchen
3. heiligen / braten / schneiden / schälen
4. gebraten / gedünstet / frittiert / selbst gemacht
5. die Eisdiele / die Kneipe / die Folklore / der Schnellimbiss

2

Was ist das? Wählen Sie die richtige Beschreibung für jedes Bild.

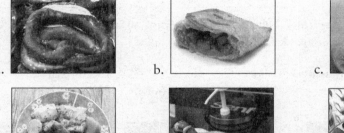

a.   b.   c.

d.   e.   f.

_____ 1. In Bayern isst man viel Wurst.

_____ 2. Der Bäcker verkauft Brezeln.

_____ 3. Apfelstrudel ist ein leckerer Nachtisch.

_____ 4. Salat ist gut für die Gesundheit.

_____ 5. Die Melange ist eine österreichische Tradition, die jetzt auch in Deutschland verbreitet ist.

_____ 6. Diese Mahlzeit aus paniertem Kalbsfleisch (*breaded veal*) ist eine Wiener Spezialität.

3

Kochbuch Ergänzen Sie das Rezept mit den richtigen Formen der Wörter aus der Liste.

> Brathähnchen   gefroren   gießen   schälen   scheußlich   schneiden   würzig   zart

Von:	Frederika Karlheim [krika006@hotmail.com]
An:	Nancy Karlheim [nancy.karlheim@gmx.de]
Betreff:	Mein Rezept

Hallo Nancy,

Hier ist mein Rezept für (1) _____. Ich nehme nur frische Zutaten, keine (2) _____. Der

(3) _____ Geschmack entsteht aus der Marinade: Olivenöl, Zitronensaft, Salz, Pfeffer und Paprikapulver. Du musst auch

Tomaten und Zwiebeln (4) _____. Bei 225°C anbraten (*sear*), wieder salzen, dann noch 30 Minuten braten; jetzt die

Zwiebeln und Tomaten verteilen und weitere 30 Minuten braten. Als Beilage brauchst du einen Kartoffelsalat. Koche die Kartoffeln

25 Minuten mit der Schale (*peel*), bis sie (5) _____ sind. Dann kannst du die Kartoffeln (6) _____. Kurz vor dem

Servieren muss man noch Öl darüber (7) _____. Aber pass auf! Mit zu viel Salz schmeckt es (8) _____!

Frederika

4 **Was essen Sie gerne?** Beantworten Sie die folgenden Fragen in vollständigen Sätzen.

1. Haben Sie ein Lieblingsgericht? Welches?

_____

2. Wann essen Sie das Gericht?

_____

3. Wer bereitet das Essen zu? Können Sie es zubereiten?

_____

4. Essen Sie das Gericht alleine oder mit Freunden?

_____

5. Beschreiben Sie das Essen. Wie schmeckt es?

_____

5 **Was machen diese Menschen?** Sehen Sie sich die Fotos an und beschreiben Sie, was die Personen machen. Verwenden Sie Wörter aus der folgenden Liste.

Brauch	Folklore	lecker	vegetarisch
Feier	Kleinigkeit	traditionell	Volksmusik

1.   2.   3.

1. _____

_____

2. _____

_____

3. _____

_____

6 **Feiertage** Schreiben Sie einen Aufsatz über Ihren Lieblingsfeiertag. Schreiben Sie, welches Essen für Sie an diesem Tag Tradition ist, und wie Sie es zubereiten. Welche Bräuche assoziieren Sie mit diesem Tag? Verwenden Sie Wörter aus der folgenden Liste.

Erbe	Feiertag	lecker	Volksmusik
Feier	kulturell	traditionell	zubereiten

_____

_____

_____

_____

_____

KURZFILM

Wer hat Angst vorm Weihnachtsmann?

1   **Alles verstanden?** Beantworten Sie die folgenden Fragen zum Film *Wer hat Angst vorm Weihnachtsmann?*

1. Die Eltern sagen, dass es keine gute Idee war. Was war keine gute Idee?

   _____

2. Warum ruft der Weihnachtsmann seine Freunde an? Warum sollen sie kommen?

   _____

3. Was möchte der Weihnachtsmann zuerst von Familie Lemm hören?

   _____

4. Warum ist Max manchmal nicht so brav? Welchen Rat gibt ihm der Weihnachtsmann?

   _____

5. Warum ist Tanja manchmal nicht so brav?

   _____

6. Wer kommt nach dem Weihnachtsmann noch zu Familie Klemm?

   _____

7. Was fragt Tanja den Engel?

   _____

8. Wie möchte der Vater die Weihnachtsmänner und den Engel loswerden (*get rid of*)? Er versucht es drei Mal.

   _____

2   **Weihnachtsgeschenke**

Wie in den USA, so erzählen auch in Deutschland Eltern ihren Kindern, dass der Weihnachtsmann ihnen keine Geschenke bringen wird, wenn sie sich nicht gut benehmen (*behave*). Haben Ihre Eltern Ihnen das auch erzählt? Was meinen Sie: Benehmen sich Kinder besser, wenn sie an den Weihnachtsmann glauben? Oder hat der Weihnachtsmann im Film Recht? Obwohl die Kinder sich nicht perfekt benommen haben, bekommen sie Geschenke. Was würden Sie Tanja und Max sagen, wenn Sie der Weihnachtsmann wären? Wozu schenkt man sich zu Weihnachten etwas?

_____

_____

_____

_____

_____

_____

_____

Bayern

Typisch bayerisch Ergänzen Sie jeden Satz mit dem richtigen Ausdruck.

1. Die stereotypische Bayerin trägt _____.
   - a. rote Schuhe
   - b. eine Lederhose
   - c. ein Dirndl

2. Der "Weißwurstäquator" trenntt _____.
   - a. Bayern und Deutschland
   - b. Nordbayern und Südbayern
   - c. Ostdeutschland und Westdeutschland

3. Die bayerische Wirtschaft hängt von _____ ab.
   - a. Industrie
   - b. Landwirtschaft
   - c. Landwirtschaft und Industrie

4. Das Schulsystem in Bayern erzielt (*achieves*) _____ Resultate.
   - a. sehr gute
   - b. mittelmäßige
   - c. sehr schlechte

5. In Bayern ist es _____, Dialekt zu sprechen.
   - a. nicht normal
   - b. normal
   - c. verboten

6. In Bayern findet man _____.
   - a. nur Bier und Lederhosen
   - b. verschiedenartige Menschen
   - c. nur alte Konservative

Entdeckungsreise

Romantik in Steinen Beschreiben Sie das Bild. Was ist das? Was wissen Sie darüber?

_____
_____
_____
_____
_____
_____

_____
_____
_____
_____
_____
_____
_____
_____

STRUKTUREN

6.1 Reflexive verbs and accusative reflexive pronouns

1   **Erinnerst du dich?** Nils und seine Schwester Marie sprechen über den Heiligen Abend, als sie Kinder waren. Markieren Sie die Sätze, die reflexive Verben verwenden.

_____ 1. Nils, erinnerst du dich an den Heiligen Abend, als du acht Jahre alt warst?

_____ 2. Natürlich. Damals besuchte uns ein sehr lustiger Weihnachtsmann.

_____ 3. Er hat uns viele witzige Sachen erzählt.

_____ 4. Der Weihnachtsmann interessierte sich hauptsächlich für das Essen.

_____ 5. Seine Freundin verkleidete sich als Engel.

2   **Erntedankfest** In Deutschland ist das Erntedankfest ein kirchlicher Feiertag, den nicht jeder feiert. Dieses Jahr interessiert sich Mark sehr dafür. Wählen Sie die richtige Verbform.

1. Warum _____ Mark jetzt für das Erntedankfest?

  a. interessiert   b. interessiert sich

2. Er _____ dieses Jahr darum. Ich weiß nicht warum.

  a. kümmert sich   b. kümmert

3. Er _____ auf den Gottesdienst.

  a. freut sich   b. freut

4. Mark _____ das ganze Haus vor dem Fest.

  a. putzt sich   b. putzt

5. Er will, dass wir _____, auch in die Kirche zu gehen.

  a. versprechen   b. uns versprechen

3   **Besuch in Nürnberg** Ergänzen Sie das Gespräch zwischen Lukas und Emma mit den richtigen Formen der Verben in Klammern.

LUKAS Also, Emma, welche Stadt möchtest du besuchen?

EMMA Ich (1) _____ _____ (sich interessieren) für Nürnberg.

Ich habe (2) _____ aber noch nicht _____ (sich entscheiden).

LUKAS Nürnberg ist schön, aber München ist schöner. Nur in München kann ich

(3) _____ richtig _____ (sich erholen).

EMMA Du findest immer einen Grund, München zu besuchen! Man (4) _____

_____ (sich langweilen) dort niemals, aber ich will auch mal eine andere

Stadt sehen.

LUKAS Das stimmt nicht, dass ich immer nur nach München will. (5) _____ du

_____ (sich erinnern) nicht? Letztes Jahr wollte ich Augsburg besuchen.

EMMA Darüber hast du (6) _____ _____ (sich informieren). Trotzdem

(7) _____ wir _____ (sich treffen, *Prät.*) dann doch wieder

in München. Dieses Jahr fahren wir irgendwo anders hin. Ich will im Dezember den

Christkindlesmarkt in Nürnberg besuchen.

LUKAS Urlaub im Dezember? Wie du willst, aber dann müssen wir (8) _____

_____ (sich beeilen). Der Markt beginnt nächste Woche.

4 **Mama, das kann ich selbst!** Oma kommt am Heiligen Abend zu Besuch. Der kleine Tim und seine Schwester Mia sollen hübsch aussehen und sich gut benehmen. Sie wollen aber alles selbst machen. Schreiben Sie jeden Satz mit Reflexivpronomen um.

> **Beispiel**
>
> **MAMA** Ich will dich waschen.
> **TIM** Nein! Ich will mich waschen.

1. **MAMA** Ich will euch baden.

   TIM UND MIA Nein! _____

2. **MAMA** Ich will dich kämmen.

   MIA Nein! _____

3. **MAMA** Ich will euch anziehen.

   TIM UND MIA Nein! _____

4. **MAMA** Ich will mich noch schminken.

   TIM UND MIA Nein! _____

5. **MAMA** Ich will mich mit Oma treffen.

   TIM UND MIA _____

5 **Klara und Lena** Schreiben Sie Sätze mit den angegebenen Subjekten und reflexiven Verben.

> **Beispiel**
>
> (Klara und Lena / sich vorbereiten) Klara und Lena bereiten sich auf die Osterfeier vor.

1. (Klara und Lena / sich umziehen) _____

2. (Lena / sich beeilen) _____

3. (Klara / sich erkälten) _____

4. (er / sich erholen) _____

5. (Lena / sich verspäten) _____

6. (Klara / sich ärgern) _____

6 **Und was machen Sie?** Wählen Sie einen beliebten Feiertag. Beschreiben Sie, wie Sie sich auf diesen Feiertag vorbereiten. Verwenden Sie reflexive Verben mit Akkusativpronomen.

_____

_____

_____

_____

_____

_____

_____

_____

6.2 Reflexive verbs and dative reflexive pronouns

1   **Nicht für jeden** Nicht jeder liebt Weihnachten. Wählen Sie die richtigen Reflexivpronomen und ergänzen Sie die Sätze damit.

1. Ich ärgere (mich / mir) jedes Jahr über Weihnachten.

2. Mein Bruder freut (dir / sich) auf Weihnachten.

3. Du fühlst (dir / dich) wohl während der Weihnachtszeit.

4. Ich muss (mir / mich) zu Weihnachten immer meinen besten Anzug anziehen.

5. Du kannst (dich / dir) keine Geschenke leisten.

6. Ich überlege (mich / mir), ob ich dieses Jahr Geschenke kaufen soll.

7. Manche interessieren (sich / mir) einfach nicht dafür.

8. Der Feiertag macht mich so müde, dass ich (mir / mich) hinlegen muss.

2   **Sonderangebot** Hier sehen Sie eine Werbung vom Reisebüro Hannemann. Ergänzen Sie den Text mit den richtigen Formen der Verben in Klammern.

(1) _____ Sie _____ sofort dieses Sonderangebot vom Reisebüro

Hannemann _____ (sich ansehen)! Wie viel Geld Sie sparen, können Sie

(2) _____ einfach nicht _____ (sich vorstellen). Mir brauchen

Sie nicht zu glauben. (3) _____ Sie _____ Frau Schneider

_____ (sich anhören), eine Hausfrau aus Kiel: „Ich konnte (4) _____

nicht _____ (sich helfen). Mein Mann und ich konnten (5) _____

nicht _____ (sich vorstellen), dass eine schöne Reise auch günstig sein kann. Dann

aber (6) _____ ich _____ (sich erinnern, *Prät.*) an das Sonderangebot

vom Reisebüro Hannemann! Ich (7) _____ _____ (sich denken, *Prät.*),

diese Ferien in München können wir (8) _____ _____ (sich leisten)!

Es war wirklich toll in München! Ich (9) _____ _____ (sich überlegen)

jetzt schon, ob ich nicht auch nächstes Jahr den Urlaub in München verbringen will.“

Sie sehen: München ist immer eine Reise wert! Besuchen Sie uns im Reisebüro Hannemann!

3   **Der Alltag** Emil spricht über seinen Alltag. Ergänzen Sie die Sätze mit den richtigen Formen der reflexiven Verben aus der Liste.

sich aussuchen	sich kaufen	sich rasieren
sich bestellen	sich machen	sich wünschen

1. Jeden Morgen _____ ich _____ das Gesicht.

2. Wenn ich Lust habe, _____ ich _____ etwas im Café.

3. Meine Freundin _____ _____ das Frühstück lieber zu Hause.

4. Sie _____ _____ ein neues Fahrrad zum Geburtstag.

5. Heute _____ sie _____ eines _____.

6. Sie _____ _____ ein teures Fahrrad.

4 **Vorbereitung auf den Karneval** Die Familie Kurzweil bereitet sich auf den Karneval vor. Bilden Sie Sätze aus den angegebenen Satzteilen.

1. **HERR KURZWEIL** ich / sich rasieren / das Gesicht / früh am Morgen

   _____

2. **FRAU KURZWEIL** ich / dann / sich kämmen / die Haare

   _____

3. **DER KLEINE FABIAN** ich / wollen / sich schneiden / die Haare

   _____

4. **FRAU KURZWEIL** du / sollen / sich waschen / das Gesicht

   _____

5. **HERR KURZWEIL** dann / können / du / sich schminken / das Gesicht

   _____

6. **FRAU KURZWEIL** wir / sich anziehen / jetzt / die Kostüme

   _____

5 **Zu Hause und im Restaurant** Beantworten Sie jede Frage mit dem angegebenen reflexiven Verb.

1. Wie oft bereiten Sie sich eine Mahlzeit zu?

   _____

2. Wie oft machen Sie sich Ihr Lieblingsessen?

   _____

3. Was suchen Sie sich aus, wenn Sie Ihre Zutaten nicht bekommen?

   _____

4. Wie oft können Sie es sich leisten, im Restaurant zu essen?

   _____

5. Was bestellen Sie sich gern im Restaurant?

   _____

6 **Meine Reise nach Bayern** Schreiben Sie Ihrem deutschen Freund/Ihrer deutschen Freundin eine kurze E-Mail über Ihre Reise nach Bayern. Suchen Sie im Teil **Stellen Sie sich vor, ...** dieser Lektion nach Informationen über Bayern. Verwenden Sie mindestens sechs reflexive Verben mit Dativpronomen aus der Liste und erzählen Sie Ihrem Freund/Ihrer Freundin, was Sie gemacht haben.

sich ansehen	sich ausleihen	sich bestellen	sich leisten	sich vorstellen
sich anziehen	sich aussuchen	sich kaufen	sich überlegen	sich wünschen

_____

_____

_____

_____

_____

_____

_____

_____

6.3 Numbers, time, and quantities

1 **Definitionen** Ordnen Sie jeder Definition ein entsprechendes Beispiel zu.

_____ 1. eine Packung Nudeln

_____ 2. ein natürliches Getränk in einer Flasche

_____ 3. eine Menge dieses kalten Nachtischs

_____ 4. zwei Früchte

_____ 5. 0,25 l eines süßen Milchprodukts

_____ 6. ein heißes Getränk

a. ein paar Äpfel

b. ein Liter Wasser

c. eine Tasse Kaffee

d. 250 g Spätzle

e. ein Kilo Eis

f. eine Packung Schlagsahne

2 **Auf dem Christkindlesmarkt** Lukas und Emma sind auf dem Christkindlesmarkt in Nürnberg.
Ergänzen Sie jeden Satz mit dem richtigen Zahlen- oder Zeitausdruck.

1. Am _____ November beginnt der Christkindlesmarkt in Nürnberg.

   a. 23 Uhr 05   b. 23.   c. fünf   d. dreiundzwanzig

2. Dies ist Emmas _____ Mal in Nürnberg.

   a. 2,2   b. viertel   c. eins   d. erstes

3. Der Weihnachtsmarkt macht um _____ auf.

   a. Viertel nach elf   b. ein   c. zweites   d. 3,30

4. Emma und Lukas trinken _____ Tassen Kakao.

   a. zwei   b. zweites   c. 10 Mal   d. 4 Zentimeter

5. Sie kaufen schon das _____ Geschenk für ihre Nichten.

   a. sechs   b. sechste   c. 6,5   d. einen halben Liter

6. Am Ende des Tages haben sie _____ Euro ausgegeben.

   a. halb zwei   b. hundertstes   c. 210:34   d. 210,34

3 **Bayerischer Schweinebraten** Ergänzen Sie das Rezept. Schreiben Sie die richtigen Angaben aus der
Liste in die Lücken.

Zutaten/Zeit:	Rezept:
400 zwei 100 g 1 Teelöffel eine Flasche 0,5 Liter 2 Esslöffel 250°C eine Stunde eine	Würzen Sie Fleisch und Knochen mit je (1) _____ Salz und Pfeffer. Schneiden Sie (2) _____ Karotten, (3) _____ g Zwiebeln, (4) _____ Knollensellerie und (5) _____ Lauchstange. Braten Sie das Fleisch in (6) _____ Butterschmalz. Gießen Sie (7) _____ Fleischbrühe (*broth*) hinzu. Nun geben Sie auch das Gemüse hinzu. Braten Sie das Ganze nun bei (8) _____ (9) _____ lang. Gießen Sie (10) _____ dunkles Bier hinzu. Nehmen Sie den Braten aus dem Ofen und schneiden Sie ihn an.

4   **Wie viel und wie viele?** Sehen Sie sich die Fotos an und schreiben Sie die Mengenangabe, die in der Klammer angegeben ist, in Worten in die Lücke.

1. Bernhard trinkt _____ (1) Liter Wasser.

2. Am _____ (3) Urlaubstag war sehr schönes Strandwetter.

3. Anna trinkt schon das _____ (2) Glas Apfelsaft.

4. Sebastian hat schon _____ (5) Hemden anprobiert.

5   **Gulasch zubereiten** Ihr Freund erzählt Ihnen, wie er Gulasch zubereitet. Beenden Sie diese Sätze sinnvoll mit passenden Zeitausdrücken.

1. Die Kartoffeln zu schälen dauert _____

2. Die Kartoffeln kochen _____

3. Das Fleisch brät man _____

4. Man gießt alles in den Topf _____

5. Das Gulasch ist nur _____ haltbar. Iss es schnell auf!

6   **Ihr Lieblingsrezept** Schreiben Sie Ihr Lieblingsrezept mit Zahlen und Mengenangaben auf.

_____

_____

_____

_____

_____

_____

_____

_____

_____

_____

SCHREIBWERKSTATT

Aufsatz

Schritt 1

Anja ist Restaurantkritikerin in München. Lesen Sie ihren Blogeintrag und beantworten Sie die Fragen. Markieren Sie alle reflexiven Verben und schreiben Sie auf, ob die Pronomen im Akkusativ oder Dativ stehen.

Liebe Leserinnen und Leser!

Diese Woche habe ich verschiedene Kneipen und Restaurants in München ausprobiert. Die Besten beschreibe ich hier. Amüsieren Sie sich einen Nachmittag im Augustiner am Dom, einem relativ neuen Restaurant in München. Das Restaurant spezialisiert sich auf die Münchner Küche. Vor allem der Leberkäse ist lecker und preisgünstig. Auch die Gerichte aus Schwaben sind von guter Qualität. Bestellt man sich einen Teller Allgäuer Käsespätzle, ist es, als ob man in Augsburg sitzt. Wenn Sie sich für Spätzle entscheiden, suchen Sie sich die Allgäuer Käsespätzle aus.

Wenn Sie nicht zu sparen brauchen, empfehle ich Ihnen das 200-g-Pfeffersteak – klassisch, einfach und exzellent. Dazu bestellen Sie sich einen halben Liter Rotwein aus der Pfalz.
Der Augustiner am Dom ist täglich von 10 Uhr bis 24 Uhr geöffnet.

_____

_____

_____

_____

_____

_____

_____

_____

_____

_____

Schritt 2

Lesen Sie die Fragen über Anjas Blogeintrag und beantworten Sie sie.

1. Was kann man sich bestellen, wenn man nicht so viel Geld hat? _____

_____

2. Welche Küche findet man im Augustiner am Dom? _____

_____

3. Wie groß ist das Pfeffersteak? _____

4. Was Saft soll man dazu trinken? _____

5. Wann schließt der Augustiner am Dom? _____

_____

Schritt 3

Nun schreiben Sie Ihren eigenen Blogeintrag über ein Restaurant, das Sie kennen. Schreiben Sie mindestens zehn Sätze. Verwenden Sie reflexive Verben mit Akkusativ- und Dativpronomen sowie Zahlen, Zeitausdrücke und Mengenangaben.

_____

_____

_____

_____

_____

_____

_____

_____

_____

_____

_____

_____

_____

_____

_____

_____

_____

_____

_____

_____

_____

_____

_____

_____

_____

Lektion 7

1 **Was passt?** Markieren Sie das Wort, das am besten zu dem fettgedruckten (*boldfaced*) Ausdruck passt.

1. **die Informatik:** der Astronom / umstritten / der Rechner
2. **der Forscher:** die Telekommunikation / das Experiment / kabellos
3. **das Netzwerk:** das Ziel / der Impfstoff / die E-Mail
4. **der Zoologe:** die DNS / herunterladen / das Gerät
5. **die Kernphysikerin:** das E-Book / der Fortschritt / anhängen
6. **klonen:** der Mathematiker / die Datenbank / umstritten

2 **Aus den Resten** Ergänzen Sie die Schlagzeilen aus der Sonntagszeitung.

Astronom	E-Books	Impfstoffe	umstritten
Datenbank	Gerät	Telekommunikation	Ziel

1. Sind _____ besser für die Umwelt als Papierbücher?
2. Immer mehr Eltern verzichten auf (*give up*) _____ für ihre Kinder.
3. Forscher erfindet _____ zur Verbesserung der Intelligenz.
4. Menschen klonen – noch nicht geschehen und schon _____.
5. Regierung erstellt massive _____ mit persönlichen Informationen.
6. _____ entdeckt neuen Planeten.
7. Legen Sie den Hörer auf! _____ läuft jetzt übers Internet.
8. Fraunhofer-Institut: _____ der Forschung ist Anwendung von Nanotechnologie.

3 **Anders gesagt** Ersetzen Sie das unterstrichene Wort in jedem Satz mit der richtigen Form eines ähnlichen Wortes oder Ausdrucks aus der Vokabelliste der Lektion.

> **Beispiel**
>
> Menschen klonen ist ein heiß debattiertes Thema.
> **umstrittenes**

1. Meine Frau schreibt das Rechnerprogramm.

   _____

2. Die Menschen im Raumschiff (*spaceship*) reparieren das Hubble-Weltraumteleskop.

   _____

3. Der Mathematiker zeigt, dass seine Formel richtig ist.

   _____

4. Die Forscher planen den Entwurf (*design*) eines neuen und besseren Gerätes.

   _____

5. Ich bekomme ein Foto per E-Mail.

   _____

6. Die Anwendung seiner Ideen ist unethisch.

   _____

Workbook

4 **Was machen diese Menschen?** Beschreiben Sie in zwei Sätzen, was die Menschen auf den Bildern machen. Verwenden Sie Wörter aus der Liste.

der Astronom	beweisen	die E-Mail	der Forscher	herunterladen	der Rechner
das Attachment	die Biologin	die Entdeckung	die Forschung	klonen	unmoralisch

1.   2.   3.

1. _____
   _____

2. _____
   _____

3. _____
   _____

5 **Was meinen Sie?** Beantworten Sie die folgenden Fragen in vollständigen Sätzen.

1. Wie wichtig ist Ihnen Technologie im täglichen Leben?
   _____

2. Wie viele E-Mails schreiben Sie jeden Tag? Wie viele bekommen Sie?
   _____

3. Welche Entdeckungen der letzten Jahre finden Sie sehr bedeutend?
   _____

4. Welche Erfindungen und Entdeckungen sind für die Menschen am nützlichsten?
   _____

5. Welche Erfindungen und Entdeckungen sind gefährlich?
   _____

6 **Hilfe!** Schreiben Sie eine E-Mail an die Kundenbetreuung (*customer support*) einer Computerfirma. Beschreiben Sie die Probleme, die Sie mit Ihrem neuen Rechner haben, und bitten Sie um Hilfe. Verwenden Sie die Vokabeln aus der Liste.

aktualisieren	die Datenbank	das Gerät	das Netzwerk
anhängen	die unerwünschte E-Mail	herunterladen	der Rechner
das Attachment	das Experiment	kabellos	der USB-Stick

_____
_____
_____
_____
_____

Workbook

KURZFILM

Roentgen

1 **Alles verstanden?** Beantworten Sie die folgenden Fragen zum Film *Roentgen*.

1. Wo ist Georg gewesen? Mit wem und wozu?

_____

2. An welcher Krankheit leidet Herr Gross?

_____

3. Die Strahlen helfen bei der Diagnose. Was denkt Georg außerdem über die Strahlen?

_____

4. Warum denkt er das? Was ist sein Beweis?

_____

5. Warum ist Herr Gross nervös, als Georg ihn zum ersten Mal bestrahlt? Warum ist Friedrich dann böse auf Georg?

_____

6. Warum kann Gustav nach zwei Wochen Arbeit nicht mehr schlafen?

_____

7. Wie kann man die Beziehung zwischen Charlotte (Georgs Frau) und Friedrich beschreiben?

_____

8. Warum verweigert (*refuses*) die Krankenschwester Agnes die Arbeit? Warum kommt Charlotte zum Arbeitsplatz ihres Mannes?

_____

2 **Ein anderer Verhaltenskodex**

Beschreiben sie den Verhaltenskodex der Ärzte in diesem Film. Inwiefern weicht Georgs Benehmen vom Verhaltenskodex ab (*deviates*)? Ist das Benehmen der anderen Ärzte professionell und ethisch? Können Sie die Beziehung zwischen Herrn Gross und Friedrich beschreiben? Behandeln die Ärzte ihre Patienten heutzutage immer noch so wie im Film oder nach einem anderen Moralkodex? Haben Sie schon mal von jemandem wie Herrn Gross gehört oder gelesen? Sind Sie für medizinische Experimente offen? Stellen Sie sich vor, Sie sind Herr Gross. Werden Sie Georgs Patient oder gehen Sie zu Friedrich?

_____

_____

_____

_____

_____

_____

_____

Rheinland-Pfalz, das Saarland und Baden-Württemberg

Richtig oder falsch? Markieren Sie, ob diese Aussagen **richtig** oder **falsch** sind. Korrigieren Sie die falschen Aussagen.

Richtig **Falsch**

○ ○ 1. Die Römer haben die Germanen als hochzivilisiert angesehen.

_____

○ ○ 2. Die Germanen haben sich mit Landwirtschaft, Tieren und Handwerk gut ausgekannt.

_____

○ ○ 3. Die Germanen haben die Herrschaft und den Einfluss der Römer gern akzeptiert.

_____

○ ○ 4. Die Römer haben Germania Magna im Jahr 9 n. Chr. verlassen.

_____

○ ○ 5. Rudolf Christian Böttger hat das Streichholz erfunden.

_____

○ ○ 6. In der Wilhelma in Stuttgart leben 9.000 Menschenaffen.

_____

Entdeckungsreise

Die Stuttgarter Wilhelma Schreiben Sie einen Absatz zu diesem Bild. Wer ist das? Was wissen Sie über diesen Zoo?

_____

_____

_____

_____

_____

_____

_____

_____

_____

_____

STRUKTUREN

7.1 Passive voice and alternatives

1   **Mensch und Sache** Ergänzen Sie diese Passivsätze mit **von** oder **durch**.

1. Der Code wird _____ Michael geschrieben.

2. Die E-Mail wurde _____ Frau Arslan geschickt.

3. Das Netzwerk ist _____ einen Rechnervirus geschädigt (*damaged*) worden.

4. Das Experiment wurde _____ Erik und Katarina geplant.

5. Mein altes Gerät wurde _____ einen Unfall zerstört.

6. Der Moralkodex darf _____ das Experiment nicht verletzt werden.

2   **Aktiv und Passiv** Schreiben Sie die folgenden Aktivsätze in Passivsätze um.

> **Beispiel**
>
> Die Biologen klonen die Stammzellen.
> **Die Stammzellen werden von Biologen geklont.**

1. Sebastian schickt das Attachment. _____

2. Johanna wird meinen Rechner reparieren. _____

3. Der Impfstoff hat Millionen von Menschen gerettet. _____

   _____

4. Das Rechnerprogramm löschte (*deleted*) alle Dateien auf meinem USB-Stick. _____

   _____

5. Die Zoologin erforscht die Bären. _____

3   **Im Passiv schreiben** Bilden Sie Passivsätze mit den angegebenen Elementen.

1. Handys / benutzen / fast alle Menschen

   _____

2. die Patientinnen / heilen

   _____

3. die Astronautin / im Raumschiff (*spaceship*) / trainieren

   _____

4. Biologen / sagen / dass / Dinosaurier / dürfen / nicht / klonen

   _____

5. die Theorie / müssen / beweisen

   _____

6. das Attachment / unerwünschte E-Mail / herunterladen (Präteritum)

   _____

7. man / glauben / dass / die Telekommunikation / weiter / entwickeln

   _____

8. mein / Patent / aktualisieren (Perfekt)

   _____

4 **Anders gesagt** Formulieren Sie jeden Passivsatz mit der angegebenen Alternative in einen Aktivsatz um.

> **Beispiel**
>
> Hier wird die Telekommunikation benutzt.
> man: **Hier benutzt man die Telekommunikation.**

man:

1. Gentechnik wird gefürchtet.

   _____

2. Unerwünschte E-Mails müssen sofort gelöscht werden.

   _____

sich + *verb*:

3. Das neue Arzneimittel (*medicine*) wird gut verkauft werden.

   _____

4. Die künstliche Intelligenz ist als innovativ präsentiert worden.

   _____

sich lassen + *infinitive*:

5. Nanotechnologie wird nicht leicht implementiert.

   _____

6. Über die kabellose Übertragung (*transfer*) wird der Film nur schwer heruntergeladen.

   _____

sein + zu + *infinitive*:

7. Diese Herausforderung darf nicht unterschätzt werden.

   _____

8. Die Kinder sollen geimpft werden.

   _____

5 **Ergänzungen** Ergänzen Sie jeden Satz mit der Passivform eines Verbs aus der Liste. Verwenden Sie jedes Verb nur einmal.

> **Beispiel**
>
> Die E-Books **wurden von Forschern heruntergeladen.**

aktualisieren	einsetzen	klonen
diskutieren	erfinden	

1. Als meine Urgroßeltern lebten, _____.
2. Im Labor _____.
3. Unter Astronomen _____.
4. In Science-Fiction-Filmen _____.
5. Mein Handy _____.

6 **Forscher entdecken...** Schreiben Sie einen kurzen Artikel über eine neue wissenschaftliche Entdeckung, entweder (*either*) wahr oder fiktiv. Schreiben Sie mindestens fünf Passivsätze.

_____

_____

_____

_____

7.2 Imperative

1 **Was passt?** Ergänzen Sie jeden Satz mit der richtigen Imperativform.

1. Meine Damen und Herren, _____ Heilmittel für HIV!
   a. erforschen Sie b. erforsch   c. erforscht   d. erforsche

2. Julius, _____ doch etwas über Wissenschaft.
   a. lesen Sie   b. lies   c. lest   d. liest

3. Matthias und Ingrid, _____ eine Lösung zu diesem technischen Problem.
   a. finde   b. findest   c. finden Sie   d. findet

4. An alle Mitarbeiter: _____ ohne Erlaubnis keine Dateien herunter.
   a. Läd   b. Lade   c. Laden Sie   d. Ladest

5. _____ es, Mehmet; das Experiment hat zu nichts geführt.
   a. Vergesse   b. Vergesst   c. Vergiß   d. Vergessen Sie

2 **Im Labor** Julia ist studentische Hilfskraft im Biologielabor. Sie spricht mit ihrem Chef, mit einem anderen Studenten und mit einer Schulklasse, die das Labor besucht. Ergänzen Sie die Sätze mit den richtigen Imperativformen der Verben in Klammern, um zu zeigen, wem sie welche Hinweise gibt.

ihrem Chef (Sie):

1. (vergessen) _____ nicht, dass uns heute eine Schulklasse besucht.
2. (haben) _____ keine Angst! Ich kümmere mich um die Klasse.

allen im Labor und sich selbst (wir):

3. (sein) _____ heute höflich.
4. (aufpassen) _____, dass nichts kaputtgeht.

den Schülern (ihr):

5. (sich ansehen) _____ die neuen Mikroskope _____.
6. (sein) _____ vorsichtig!

einem Studenten (du):

7. (zeigen) _____ der Klasse die Stammzellen am Mikroskop.
8. (aktualisieren) _____ danach den Forschungsbericht.

3 **Modalverben und Imperativsätze** Schreiben Sie die Vorschläge in Imperativsätze um. Verwenden Sie die formelle oder informelle Anrede, wie sie schon im Ausgangssatz steht.

Beispiel

> Sie (*pl., formal*) sollen weiter forschen.
> Forschen Sie weiter.

1. Du darfst nicht zu spät ins Labor kommen.

   _____

2. Heute müssen wir alles für das Experiment vorbereiten.

   _____

3. Sie (*pl., formal*) können uns den Arbeitsplatz zeigen.

   _____

4. Ihr sollt nicht lachen!

   _____

5. Ihr müsst warten!

   _____

Lektion 7 Workbook   **79**

4 Virus Gretas Freund Tobias hat Probleme mit seinem neuen Rechner. Ergänzen Sie das Gespräch mit den richtigen Imperativformen der Verben aus der Liste.

| bringen | fahren | helfen | herunterladen | kommen | reparieren | warten |

TOBIAS Tag, Greta. Ich habe Probleme mit meinem Laptop. Ein Virus! (1) _____ mir!

GRETA Kein Problem. (2) _____ den Rechner zu mir.

TOBIAS Aber ich kann jetzt nicht. Meine Katze ist krank.

GRETA Dann (3) _____ bis morgen.

TOBIAS Ich habe einen anderen Vorschlag. (4) _____ zu mir und (5) _____ meinen Rechner. Während du das machst, koche ich dir etwas zum Abendessen.

GRETA Tobias... weißt du, ich habe zu tun. (6) _____ dir ein Antivirusprogramm _____ und wir sehen uns, wenn es deiner Katze besser geht.

TOBIAS Also, gut. Dann treffen wir uns bei mir.

GRETA Nein. (7) _____ du zu mir.

5 Vergessen Sie das nicht! Sagen Sie den Personen, dass sie nicht das tun sollen, was Sie tun.

> **Beispiel**
> Die Geologen laden das Attachment herunter.
> Laden Sie nicht das Attachment herunter!

1. Der Astronaut vergisst, sich ans Raumschiff zu binden.

_____

2. Der Arzt verschreibt die falsche Arznei.

_____

3. Ihr Freund verbringt zu viel Zeit im Labor.

_____

4. Wir schreiben den falschen Code.

_____

5. Ihr Freund schläft beim Experiment ein.

_____

6 Anweisungen geben Geben Sie den genannten Personen eine Positiv- und eine Negativanweisung.

1. Ihre Professoren: _____

_____

2. Ihre Klassenkameraden: _____

_____

3. Ihr(e) Mitbewohner(in): _____

_____

4. wir: _____

_____

7.3 Adverbs

1 **Außerirdisches Leben** Wählen Sie das richtige Adverb für jeden Satz.

1. Wir haben (übermorgen / kaum) einen Fortschritt gemacht.
2. Als wir (neulich / nie) mit der Suche begannen, waren wir optimistisch.
3. Wir suchen (seit einem Jahr / danach) außerirdisches Leben mit dem SETI-Projekt.
4. Das SETI-Projekt läuft (schon / noch nicht) seit den sechziger Jahren.
5. Wir wissen ganz (umso mehr / genau), dass sie da irgendwo sind.
6. Es gefällt mir (ja / zu), mit dem Radioteleskop zu arbeiten.
7. Unsere Freunde lesen (lieber / fast) Romane.
8. Wir sitzen (leider / hier) und suchen.

2 **Gewissensbisse** Maria ist Studentin der Zoologie. Doch die Arbeit mit Tieren ist nicht das, was sie erwartete. Ergänzen sie den Absatz mit den richtigen Adverbien aus der Liste.

bald	immer	keineswegs	lieber	wirklich
gleich	kaum	leider	vielleicht	zu

(1) _____ hat der Fortschritt seinen Preis. Ich wollte (2) _____

Zoologin werden, denn ich liebe Tiere. (3) _____ nach dem Abitur studierte ich

Biologie an der Uni. (4) _____ musste ich im Labor arbeiten, und zwar mit Tieren.

Die Experimente verstießen nicht (5) _____ gegen meinen persönlichen Moralkodex.

Doch mir gefällt die Arbeit (6) _____. Ich sitze (7) _____ vor dem

Mikroskop. Ich weiß nicht: Ist es (8) _____ spät? Ich möchte (9) _____

Mikrobiologie studieren. Wegen der Bakterien habe ich nämlich (10) _____ Gewissensbisse.

3 **Wann, wie und wo** Beantworten Sie jede Frage in vollständigen Sätzen mit den Adverbien in Klammern.

> **Beispiel**
>
> Wann haben Sie das Experiment fertig gemacht? (heute)
> **Wir haben das Experiment heute fertig gemacht.**

1. Wissen die Geologen, wann das nächste Erdbeben (*earthquake*) kommt? (nicht genau)

   _____

2. Wann werden Nanotechnologieprodukte verkauft? (schon jetzt)

   _____

3. Können die Astronomen Planeten in anderen Sonnensystemen finden? (gewiss)

   _____

4. Wie bekämpft man den globalen Treibhauseffekt? (leider nicht)

   _____

5. Wann läuft das Patent aus? (bald)

   _____

6. Wo liegt das Museum für Naturgeschichte? (dahinten)

   _____

Workbook

4 **Erfolge** Schreiben Sie zu jedem Bild einen Satz mit Adverbien aus der Liste.

| äußerst |
| bald |
| dorthin |
| fast |
| früher |
| hier |
| schon |
| sicherlich |
| später |
| ziemlich |

1.    2. 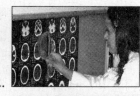   3.

4.    5.    6.

1. _____
2. _____
3. _____
4. _____
5. _____
6. _____

5 **Sätze schreiben** Schreiben Sie vollständige Sätze mit Adverbien der Zeit, der Art und Weise oder des Ortes. Erzählen Sie, wie, wann oder wo jede Person das tut, was sie tut. Verwenden Sie mindestens zwei Adverbien für jeden Satz.

> **Beispiel**
>
> die Journalistin / schreiben
> *Letzte Woche hat die Journalistin hier in der Zeitung einen äußerst provokativen Artikel veröffentlicht.*

1. der Forscher / erfinden
   _____

2. die Geologin / forschen
   _____

3. der Mathematiker / rechnen
   _____

4. die Zoologin / untersuchen
   _____

6 **Blog** Sie sind gerade von einer Reise durch Rheinland-Pfalz, das Saarland und Baden-Württemberg zurückgekommen. Verwenden Sie Informationen aus dem Artikel in **Stellen Sie sich vor, ...** dieser Lektion und schreiben Sie einen Blogeintrag darüber. Verwenden Sie mindestens sechs Adverbien aus der Liste.

| daher | dorthin | noch | vorgestern | ziemlich |
| danach | morgens | später | vorher | zu Hause |

_____
_____
_____

SCHREIBWERKSTATT

Aufsatz

Schritt 1

Lesen Sie diese Werbung für ein neues Arzneimittel und markieren Sie alle Imperativformen und Passivsätze. Schreiben Sie dann jeden Passivsatz in einen Aktivsatz um.

Stellen Sie sich vor, Sie sitzen zu Hause. Es wird gearbeitet... woran? An einer Seminararbeit, an einem Produktionsbericht oder an einer Marketingkampagne? Ganz egal. Schauen Sie jetzt nach oben. Was sehen Sie? Die Uhr. Schauen Sie wieder nach unten. Die Arbeit wird nicht von selbst geschrieben. Also: Konzentrieren Sie sich! Oder können Sie das nicht? Gehen Sie jetzt in ein anderes Zimmer. Was sehen Sie? Den Fernseher. Schalten Sie ihn sofort an. Da wird Werbung gezeigt. Aber nicht nur Werbung, denn wir lernen auch etwas Neues. Mit Ralutinidat, dem neuen Arzneimittel von Megala, bekommen Sie Ihr Arbeitsleben zurück! Das wurde in vielen Studien festgestellt! Sprechen Sie mit Ihrem Arzt sofort über Ralutinidat. Zu Risiken und Nebenwirkungen lesen Sie die Packungsbeilage und fragen Sie Ihren Arzt oder Apotheker.

_____

_____

_____

_____

_____

_____

_____

_____

_____

Schritt 2

Lesen Sie nun den Blogeintrag noch einmal und markieren Sie jetzt alle Adverbien. Schreiben Sie auf, ob es ein Adverb der Zeit, Art und Weise oder des Ortes ist.

_____

_____

_____

_____

_____

_____

_____

_____

_____

_____

_____

Workbook

Schritt 3

Nun sind Sie dran. Schreiben Sie selbst einen Werbespot für Ihre eigene Erfindung. Schreiben Sie mindestens zehn Sätze. Verwenden Sie Passivsätze und Passivalternativen, Imperativsätze und Adverbien der Zeit, der Art und Weise und des Ortes.

_____

_____

_____

_____

_____

_____

_____

_____

_____

_____

_____

_____

_____

_____

_____

_____

_____

_____

_____

_____

_____

_____

_____

_____

_____

_____

_____

ZU BEGINN

Lektion 8

1 **Welches Wort gehört nicht dazu?** Markieren Sie in jeder Reihe das Wort, das nicht dazugehört. Ergänzen Sie dann die Sätze mit den markierten Wörtern.

A.
    a. zerstören / erhalten / kämpfen / verbrauchen

    b. die Bodenschätze / die Gerechtigkeit / der Richter / die Geschworenen

    c. die Wahl / die Politik / das Parlament / das Gift

    d. gemäßigt / trinkbar / umweltfreundlich / wiederverwertbar

B.
    1. Im Trinkwasser gibt es zu viel _____.

    2. Die Umwelt muss man _____.

    3. Seine Meinung ist nicht _____, sondern extrem.

    4. Der Abbau der _____ schadet der Umwelt.

2 **Was passiert hier?** Wählen Sie die richtige Aussage zu jedem Bild.

a.

b.

c.

d.

e.

f.

_____ 1. Wissenschaftler warnen vor den Konsequenzen der Klimaerwärmung.

_____ 2. Zu viele Autos können die Umwelt zerstören.

_____ 3. Hier kann man Flaschen und Papier recyceln.

_____ 4. Hier sieht man ein Beispiel für Umweltverschmutzung.

_____ 5. Das Wasser hier ist nicht trinkbar.

_____ 6. Fabian recycelt seine Abfälle.

3 **Aus der Studentenzeitung** Julian schreibt einen Artikel für die Studentenzeitung. Ergänzen sie den Artikel mit den richtigen Wörtern aus der Liste.

Aussterben	Gewissen	Klimaerwärmung	Umweltschutz	verurteilen
fördern	Gift	Politik	verabschieden	zerstören

Warum hat die zivilisierte Welt kein (1) _____? Zukünftige Generationen werden uns (2) _____. Jeden Tag kämpfen Tiere gegen das (3) _____. Wir verbrennen Gas und Öl und (4) _____ damit die Umwelt. Jeden Sommer steigt die Temperatur wegen der (5) _____ an. Die Industrie und Autos bringen (6) _____ in die Luft. Die Politik muss den Umweltschutz (7) _____. Ich glaube, man kann genug Gesetze (8) _____, um die Probleme zu lösen.

4 **Wie steht es mit Ihnen?** Beantworten Sie die folgenden Fragen in vollständigen Sätzen.

1. Welche Umweltprobleme sind Ihnen am wichtigsten?

_____

_____

2. Ist Ihnen die Umwelt überhaupt wichtig? Wie helfen Sie der Umwelt?

_____

_____

3. Inwiefern kann eine Regierung die Umwelt schützen? Was können Politiker besser machen?

_____

_____

4. Welche politischen Themen sind Ihnen wichtig? Ist Umweltschutz wichtiger als andere Probleme?
Wenn nicht, was ist wichtiger?

_____

_____

5 **Wir haben Probleme!** Schreiben Sie einen Brief an die Stadt- oder Kreisregierung. Sie fordern
(*demand*) mehr Umweltschutz in dem Ort, in dem Sie leben. Schlagen Sie umweltfreundliche Ideen vor.
Verwenden Sie Wörter aus der Lektion und mindestens acht Wörter aus der folgenden Liste.

die Angst	die Freiheit	die Ökologie	ein Gesetz verabschieden
die Bodenschätze	die Gerechtigkeit	recyceln	verbrauchen
erhalten	die Meinung	retten	zerstören

_____

_____

_____

_____

_____

_____

_____

_____

_____

_____

_____

_____

_____

_____

_____

Gefährder

1 **Verstehen Sie?** Beantworten Sie die folgenden Fragen zum Film *Gefährder*.

1. Wer ist Boris?

_____

2. Wer ist Andrei Holm?

_____

3. Warum wird Boris abgehört?

_____

4. Ist die Abhöraktion des Politikers legal? Begründen Sie Ihre Antwort.

_____

5. Wie behandelt die Polizei Boris?

_____

6. Wie rechtfertigt der Politiker sein Verhalten?

_____

7. Stimmt Danner mit dem Politiker überein? Begründen Sie Ihre Antwort.

_____

8. Was meinen Sie, warum Boris am Ende des Films nicht zum Treffen geht?

_____

2 **Erfolg!**

Am Ende des Films sieht es so aus, als ob Boris seine politischen Aktivitäten zugunsten seiner Familie aufgibt. Wie geht das Leben der Familie weiter? Wie erklären Boris und Irina ihren Kindern, was passiert ist?

_____

_____

_____

_____

_____

_____

_____

Workbook

STELLEN SIE SICH VOR, ...

Sachsen-Anhalt, Thüringen und Hessen

Städte an Flüssen Ergänzen Sie jeden Satz mit dem passenden Wort aus der Liste.

Börse	Knotenpunkt	Messestadt	Wasserstraßenkreuz
jährlich	Literaturgeschichte	Strom	Zinsraten

1. Frankfurt gilt als _____, weil es ein großes europäisches Finanzzentrum ist.

2. Die _____ werden von der Europäischen Zentralbank reguliert.

3. Als _____ ist Frankfurt seit dem Mittelalter wichtig.

4. Die Frankfurter Buchmesse findet _____ statt.

5. An der _____ kann man Aktien kaufen und verkaufen.

6. In Weimar haben wichtige Figuren der deutschen _____ gearbeitet.

7. Auf dem _____ können Schiffe über die Elbe zwischen zwei Kanälen fahren.

8. Auf der Trogbrücke fließt ein _____ von 4,25 m Tiefe.

Entdeckungsreise

Wer das Geld hat... Beschreiben Sie das Bild. Was ist das? Was wissen Sie darüber?

_____

_____

_____

_____

_____

_____

_____

_____

_____

_____

_____

_____

_____

_____

_____

_____

_____

STRUKTUREN

8.1 *Der Konjunktiv II* and *würde* with the infinitive

1 **Was passt?** Wählen Sie die richtige Konjunktivform.

1. _____ du Geld an eine Ökostiftung (*eco foundation*)?

    a. Gäbe   b. Gabst   c. Gäbest   d. Gibst

2. Wenn ich mehr Geld _____, würde ich das machen.

    a. verdiente   b. verdientest   c. verdienen   d. verdient

3. Du _____ dann mehr Energie mit einem größeren Haus verbrauchen.

    a. würden   b. wirst   c. wurdest   d. würdest

4. Ja, aber wenigstens _____ ich mehr Geld.

    a. hätte   b. hatte   c. habe   d. hätten

5. Dann _____ du, dass du etwas Gutes machst, wenn du eigentlich nicht hilfst.

    a. denkst   b. dächtest   c. denken   d. dachtest

2 **Wie wäre es, wenn...?** Lisa schreibt ihren Traum in ihr Tagesbuch. Ergänzen Sie den Absatz mit der richtigen Konjunktivform des Verbs in Klammern.

Die Welt ist nicht perfekt. Das weiß jeder. Doch wie (1) _____ meine ideale Welt _____ (aussehen)? Was (2) _____ (werden) ich machen, wenn ich Präsidentin (3) _____ (sein)? Ich liebe Tiere und glaube, dass sie frei leben wollen. Deswegen (4) _____ (geben) es keine Haustiere. Für die freien Tiere (5) _____ (werden) ich auch die Natur schön und sauber erhalten. Also (6) _____ (verbieten) ich Autos und Industrie. Städte (7) _____ (haben) wir auch nicht mehr. Stattdessen (8) _____ (wachsen) überall Wald. Am besten (9) _____ (sein) es, wenn die Menschen alle unter der Erde (10) _____ (leben). Dann können sie die Luft und das Wasser nicht mehr verschmutzen. Ach! So wird es leider nie sein!

3 **Wenn und Konjunktiv II** Formulieren Sie jeden Satz neu mit dem Konjunktiv II.

Beispiel

Wenn ich die Bodenschätze nicht verteidige, macht das sonst niemand.
Wenn ich die Bodenschätze nicht verteidigte, würde das sonst niemand machen.

1. Wenn wir Atomkraftwerke bauen, zerstören wir die Umwelt.

_____

2. Wenn Politiker sich streiten, erreichen sie nicht viel.

_____

3. Wenn du Gefangene (*prisoners*) missbrauchst, verletzt du die Menschenrechte.

_____

4. Wenn wir für die Umwelt kämpfen, arbeiten wir zusammen.

_____

5. Wenn die Aktivisten etwas Illegales machen, helfen sie niemandem.

_____

    Lektion 8 Workbook

4 Sätze schreiben Bilden Sie aus den angegebenen Elementen vollständige Sätze im Konjunktiv II.

1. der Zeuge / sehen / nicht / das Verbrechen / wenn / sein / zu Hause

_____

2. die Rechtsanwältin / verteidigen / der Kriminelle / nicht / umsonst

_____

3. die Polizisten / schützen / die Zeugin / wenn / sie / haben / Angst / um / ihr Leben

_____

4. mein Gewissen / sein / besser / wenn / ich / sein / unschuldig

_____

5. meine Meinung / von / die Politiker / sein / besser / wenn / erhalten / sie / die Umwelt

_____

6. ich / sich widmen / der Naturschutz / wenn / ich / haben / Zeit / für so etwas

_____

5 Und was dann? Erzählen Sie, was jede Person in der betreffenden Situation machen würde. Verwenden Sie den Konjunktiv II.

> **Beispiel**
>
> Wenn der Kriminelle schuldig wäre, würde man ihn bestrafen.

1. Wenn der Aktivist demonstrierte, _____
2. Wenn die Naturschützerin friedlich kämpfte, _____
3. Wenn der Rechtsanwalt Gerechtigkeit suchte, _____
4. Wenn die Menschen ausstürben, _____
5. Wenn die Pazifisten sich stritten, _____
6. Wenn die Politiker das Gesetz verabschiedeten, _____

6 Alarm! Schreiben Sie einen Artikel für die Studentenzeitung. Schreiben Sie, was passieren würde, wenn man die Umwelt nicht schützte. Bilden Sie mindestens fünf Sätze mit dem Konjunktiv II.

_____

_____

_____

_____

_____

_____

_____

_____

_____

_____

_____

_____

_____

_____

8.2 *Der Konjunktiv II* of modals

1 **Für wen soll ich stimmen?** Mathias kann sich nicht entscheiden, für welche politische Partei er stimmen soll. Ergänzen Sie die Sätze mit der richtigen Konjunktivform des Modalverbs.

1. Ich (mochte / möchte) für die FDP stimmen.
2. Diese Partei (könnte / konnte) die Wirtschaft verbessern.
3. Ich (wollte / wolle) aber auch die Umwelt schützen.
4. Die FDP (dürfte / durfte) sich nicht für Umweltschutz interessieren.
5. (Soll / Sollte) ich für die Grünen stimmen?
6. Ich (möchte / mochte) doch nicht noch mehr recyceln.

2 **Weimar besuchen** Ergänzen Sie das Gespräch. Schreiben Sie die richtige Konjunktivform des Modalverbs in Klammern in die Lücke.

KLARA Wann (1) _____ (wollen) du Weimar besuchen?

JASMIN Weimar? Warum Weimar?

KLARA Du hast gesagt, dass du Weimar besuchen (2) _____ (mögen).
(3) _____ (Können) du dich entscheiden, wann wir fahren?

JASMIN Ah, ja. Wir (4) _____ (sollen) unbedingt das Goethehaus in Weimar
besuchen, und das Nationaltheater (5) _____ (müssen) wir uns auch ansehen.

MURAT Ich weiß. Du liebst Goethe. Worauf warten wir? Wir (6) _____ (können)
heute schon abfahren, wenn du dich entscheiden (7) _____ (können).

JASMIN Heute? Nein, das ist zu früh. Wir (8) _____ (sollen) vielleicht nächste
Woche fahren.

KLARA Nächste Woche klingt gut.

3 **Anders gesagt** Schreiben Sie die Sätze um, und setzen Sie die Modalverben in den Konjunktiv.

1. Die Regierung darf keine privaten Telefongespräche abhören.
   _____

2. Man soll ein Gesetz gegen Autos verabschieden.
   _____

3. Man darf nicht mehr fliegen.
   _____

4. Man soll überall zu Fuß hingehen.
   _____

5. Die Polizei muss die Rechte der Bürger respektieren.
   _____

6. Man darf keine Batterien verbrauchen.
   _____

7. Man muss alle Flaschen recyceln.
   _____

8. Die Regierung soll keine Atomkraftwerke betreiben.
   _____

Workbook

Lektion 8 Workbook **91**

4 **In Bildern** Sehen Sie sich die Fotos an und beantworten Sie jede Frage mit der Konjunktivform eines Modalverbs.

1.   2.   3.

4.   5.   6.

1. Sollen wir Schildkröten aussterben lassen? _____

_____

2. Darf man Ökotourismus fordern (*demand*)? _____

3. Können die Zoos den Naturschutz unterstützen? _____

_____

4. Wie kann man die Landschaft erhalten? _____

_____

5. Kann die Klimaerwärmung auch Vorteile bringen? _____

_____

6. Was können Wissenschaftler für die Umwelt machen? _____

5 **Was könnten wir machen?** Nächsten Monat treffen Sie sich mit Ihrer deutschen Freundin in Frankfurt. Verwenden Sie Informationen aus dem Artikel im Teil **Stellen Sie sich vor, ...** dieser Lektion und schreiben Sie eine E-Mail an Ihre Freundin. Beschreiben Sie, was Sie während der Reise machen könnten, sollten, wollten oder möchten. Bilden Sie mindestens fünf Sätze mit Konjunktiv II.

_____

_____

_____

_____

_____

_____

_____

_____

Workbook

8.3 Demonstratives

1 **Die Aktivisten** Ergänzen Sie den Text mit den richtigen Demonstrativpronomen aus der Liste.

> demjenig-　　die diejenige-　　dies-　　jen-　　selbst　　solch-

(1) _____ Aktivisten, die mir über die Demonstration erzählten, sind nicht hier.
Wo bleiben (2) _____? (3) _____ Demo ist nicht unwichtig. Morgen
entscheidet die Kanzlerin, ob das Ökogesetz verabschiedet wird. (4) _____, die mich
überzeugt haben, mitzumachen, sind nicht dabei! (5) _____ unzuverlässigen Menschen
brauchen wir nicht. Karl ist (6) _____ dabei, und ihm ist die Umwelt egal.
(7) _____ Gesetz muss verabschiedet werden. Ich habe mit (8) _____
Politiker gesprochen, der das Gesetz vorgeschlagen hat. Er meint, wenn wir nur etwas Druck
(*pressure*) machen, wird die Kanzlerin das Gesetz verabschieden.

2 **Schlechte Politikerin** Die Politikerinnen Michaela Bakkus und Claudia Mailänder debattieren im
Fernsehen. Schreiben Sie die fehlenden Demonstrativpronomen in die Lücken. Die Pronomen müssen auf die
unterstrichenen Satzelemente verweisen.

— Ich sehe da Michaela Bakkus. <u>Sie</u> will nichts für die Menschenrechte tun. Für

　(1) _____ werde ich nicht stimmen.

— Sie würde auch <u>Machtmissbrauch</u> begehen. (2) _____ Missbrauch können wir

　nicht akzeptieren.

— Sie glaubt nicht an Freiheit und Gerechtigkeit. <u>Sie</u> hat das (3) _____ gesagt!

— Michaela Bakkus will auch <u>ihre Kritiker</u> einsperren. Sie behauptet, dass (4) _____

　Staatsfeinde sind.

— Würde sie etwas gegen <u>die Probleme</u> der Klimaerwärmung und Umweltverschmutzung tun?

　(5) _____ Probleme sind sehr groß!

— Das ist (6) _____ Frage, die ich habe. <u>Die Frage</u> will sie nicht beantworten!

3 **Dieselbe Situation** Beantworten Sie jede Aussage, indem Sie erzählen, dass dieselbe Antwort für
das gilt, was in Klammern steht. Verwenden Sie die richtige Form von **der-/die-/dasselbe**.

> **Beispiel**
>
> Atomkraftwerke machen viele Probleme. (andere Kraftwerke)
> *Andere Kraftwerke machen dieselben Probleme.*

1. Die Richterin hat einen Fehler gemacht. (der Rechtsanwalt)

_____

2. Die Politiker haben Angst vor Gewalt. (ich)

_____

3. Seine Grausamkeit bereitet dem Kriminellen ein schlechtes Gewissen. (seine Verbrechen)

_____

4. Liberale Aktivisten fördern die Gerechtigkeit. (konservative Aktivisten)

_____

5. Ich widme mich dem Naturschutz. (wir alle)

_____

Workbook

4 **Was machen die da?** Schreiben Sie zu jedem Bild Sätze mit Demonstrativpronomen.

1.

2.

3.

4.

5.

6.

1. _____
2. _____
3. _____
4. _____
5. _____
6. _____

5 **Umweltfreundlich?** Sehen Sie sich die Bilder an und vergleichen Sie die Menschen. Schreiben Sie mindestens sechs Sätze mit Demonstrativpronomen.

_____
_____
_____
_____
_____
_____
_____
_____

SCHREIBWERKSTATT

Aufsatz

Schritt 1

Lesen Sie zuerst diesen Zeitungsartikel über Umweltprobleme. Markieren Sie dann alle Verben im Konjunktiv II und schreiben Sie den Infinitiv auf. Markieren Sie danach alle Modalverben.

Für welche Umweltprobleme wären nach Meinung der deutschen Bevölkerung am dringendsten neue Gesetze notwendig? Ganz klar: Luftverschmutzung und Klimaerwärmung. Mit der Luftverschmutzung müsste jeder Stadtbewohner vertraut sein. Könnte man bald auch die Folgen der Klimaerwärmung in Deutschland merken (*notice*)? Im 20. Jahrhundert sind die Durchschnittstemperaturen um 0,7 Grad gestiegen. Dasselbe gilt für den Meeresspiegel. Er ist seit den 90er Jahren drei Millimeter im Jahr gestiegen. Und es könnte noch schlimmer werden. Nach Meinung der deutschen Bevölkerung sollte man diese Probleme endlich lösen. Aber wie? Dieselbe Bevölkerung, die die Probleme und deren Konsequenzen versteht, kann sich anscheinend (*obviously*) kaum für Lösungen entscheiden. Was würde helfen? Solche Gesetze, die politisch akzeptabel wären, könnten nicht verabschiedet werden. Andere Ideen dürften einfach nicht genug erreichen. Während die Deutschen wieder wählen gehen, werden diese Fragen nicht entschieden.

_____

_____

_____

_____

_____

_____

_____

_____

_____

Schritt 2

Lesen Sie nun den Artikel noch einmal und markieren Sie jetzt alle Demonstrativpronomen. Schreiben Sie auf, ob ein Pronomen im Nominativ, Akkusativ, Dativ oder Genitiv steht.

_____

_____

_____

_____

_____

_____

_____

_____

_____

_____

Schritt 3

Jetzt sind Sie dran. Schreiben Sie einen Leserbrief an die Redakteurin der Zeitung. Schreiben Sie mindestens zehn Sätze, in denen entweder Konjunktiv II und **würden** [+ *infinitiv*], Konjunktiv II mit Modalverben oder Demonstrativpronomen vorkommen.

_____

_____

_____

_____

_____

_____

_____

_____

_____

_____

_____

_____

_____

_____

_____

_____

_____

_____

_____

_____

_____

_____

_____

_____

_____

_____

_____

_____

_____

_____

ZU BEGINN

Lektion 9

1 **Was passt zusammen?** Suchen Sie für jedes Verb das passende Nomen.

_____ 1. sich bewerben   a. die Börse

_____ 2. eine Hypothek aufnehmen   b. die Geschäftsführerin

_____ 3. einstellen   c. die Stelle

_____ 4. anlegen   d. die Schulden

_____ 5. entlassen   e. der Lebenslauf

_____ 6. leiten   f. die Wirtschaftskrise

2 **Die Kündigung** Ergänzen Sie das Gespräch mit den richtigen Wörtern aus der Liste.

Arbeitsamt	Chef	kündigen	Qualifikation	Stelle
Buchhalterin	einstellen	kurzfristig	sparen	Wirtschaftskrise

ANDREA Sag mal, Helena, du bist ja so fröhlich! Was ist los?

HELENA Ja. Ich (1) _____ heute nämlich meine Arbeit.

ANDREA Was?! Bist du wahnsinnig (*insane*)? Weißt du nicht, dass wir eine (2) _____ haben? Ich war gerade beim (3) _____. Ich bin seit Monaten auf der Suche nach einer neuen (4) _____. Ich finde nichts und du kündigst einfach so?

HELENA Ja, aber ich habe es mir gut überlegt. Ich habe viel (5) _____. Mein (6) _____ wollte mich sowieso feuern.

ANDREA Jetzt verstehe ich dich schon besser. Hast du denn auch gute (7) _____, wenn du jetzt wieder Arbeit suchst?

HELENA Du weißt doch, ich bin (8) _____. Da findet man leicht Arbeit.

3 **Fragen** Beantworten Sie die Fragen in vollständigen Sätzen.

1. Was für eine Stelle suchen Sie nach dem Studium?

_____

2. Was ist Ihnen wichtiger im Beruf: die Freude an der Arbeit oder das Geld?

_____

3. Wie viele Stunden arbeiten Sie jetzt jede Woche? Werden Sie nach dem Studium mehr oder weniger Stunden arbeiten?

_____

4. Haben Sie Angst vor Vorstellungsgesprächen? Warum (nicht)?

_____

5. Fällt es Ihnen leicht, Geld zu sparen? Warum (nicht)?

_____

4   **Bildbeschreibung** Beschreiben Sie, was die Personen bei der Arbeit machen.

1.   2.   3.

1. _____

    _____

2. _____

    _____

3. _____

    _____

5   **Mein Traumjob** Schreiben Sie einen Absatz über Ihre ideale Arbeitsstelle. Wo arbeiten Sie und für wen? Was für eine Arbeit ist das?

_____

_____

_____

_____

_____

_____

_____

_____

_____

_____

_____

_____

_____

_____

_____

_____

_____

_____

_____

_____

_____

KURZFILM

15 Minuten Wahrheit

1   **Alles verstanden?** Beantworten Sie die folgenden Fragen zum Film *15 Minuten Wahrheit*.

1. Wie werden Wirtschaft und Arbeitsmarkt am Anfang des Films beschrieben?

_____

2. Worüber spricht Komann, als er sich mit Berg trifft?

_____

3. Was braucht man, um Geld von dem Konto zu bekommen?

_____

4. Woher kommt das Geld auf dem Konto laut (*according to*) Komann?

_____

5. Warum erzählt Komann von diesem Konto? Was will er von Berg?

_____

6. Warum ruft Berg die Bank an?

_____

7. Warum tut Berg so, als ob Komann doch etwas wüsste, als er festgenommen wird?

_____

8. Warum wird Komann freigelassen?

_____

2   **Das gibt es doch nicht!**

Wie realistisch ist der Film *15 Minuten Wahrheit*? Könnte so etwas im wirklichen Leben passieren? Schreiben Sie über eines der beiden Themen:

• Erzählen Sie, warum Sie den Film unrealistisch finden. Nennen Sie Beispiele. Wie könnte der Film realistischer sein?

• Erzählen Sie, wie es nach dem Ende des Films weitergeht. Was machen Komann und seine Kollegen, nachdem Sie Jaffcorp verlassen?

_____

_____

_____

_____

_____

_____

_____

STELLEN SIE SICH VOR, ...

Die Schweiz und Liechtenstein

Banken, Universitäten und Fürsten Ergänzen Sie die Sätze.

1. Die Schweiz ist _____ Land, das nicht zur EU gehört.

   a. ein unabhängiges   b. ein abhängiges   c. ein kurzfristiges

2. Banken sind der wichtigste _____ in der Schweiz.

   a. Hypothek   b. Wirtschaftssektor   c. Gewerkschaft

3. Basel war ein Zentrum des _____.

   a. Humanismus   b. Pilatus   c. Landes

4. Liechtenstein wird von einem _____ regiert.

   a. Geschäftsführer   b. Chef   c. Fürsten

5. Wer _____ hat, sollte nicht mit dem Glacier Express fahren.

   a. Tapferkeit   b. Karriere   c. Höhenangst

6. Wenn man ein Edelweiß sehen will, muss man es _____ suchen.

   a. am Berghang   b. beim Wasserturm   c. an der Börse

Entdeckungsreise

Mit dem Zug durch die Alpen Beschreiben Sie das Bild. Was und wo ist das? Was wissen Sie darüber?

_____

_____

_____

_____

_____

_____

_____

_____

_____

_____

_____

_____

_____

_____

STRUKTUREN

9.1 *Der Konjunktiv II der Vergangenheit*

1 **Ich hätte das anders gemacht!** Ergänzen Sie jeden Satz mit der richtigen Form des Verbs in Klammern im **Konjunktiv II der Vergangenheit**.

1. Wir _____ besser im Ausland _____. (studieren)
2. Du _____ dort mehr _____. (lernen)
3. Ich _____ für den Arbeitsmarkt besser vorbereitet _____. (sein)
4. Ich _____ meine erste Stelle als Geschäftsführer _____. (finden)
5. Vielleicht _____ du mit 40 in Rente _____. (gehen)
6. Wir _____ viel Geld _____. (sparen)

2 **Wenn es so gewesen wäre…** Schreiben Sie die Sätze im **Konjunktiv II der Vergangenheit**.

> **Beispiel**
>
> Wenn ich Überstunden machte, bekäme ich eine Beförderung.
> *Wenn ich Überstunden gemacht hätte, hätte ich eine Beförderung bekommen.*

1. Wenn ich eine Hypothek aufnähme, würde ich ein Haus kaufen.

   _____

2. Wenn ich eine Vollzeitstelle hätte, würde ich Geld sparen.

   _____

3. Wenn ich Praktikantin bei Siemens wäre, hätte ich bessere Chancen auf dem Arbeitsmarkt.

   _____

4. Wenn es keine Wirtschaftskrise gäbe, würde ich in eine Firma investieren.

   _____

5. Wenn ich einen besseren Beruf hätte, würde ich mehr Geld verdienen.

   _____

3 **So ganz, ganz anders** Anna und Lena sind Zwillinge. Sie sind aber ganz verschieden. Lesen Sie, was Anna heute auf der Arbeit gemacht hat. Dann schreiben Sie mit den angegebenen Aussagen, was Lena gemacht hätte.

> **Beispiel**
>
> Anna ist früh nach Hause gefahren. (Überstunden machen)
> *Lena hätte Überstunden gemacht.*

1. Anna hat die Praktikantin die ganze Arbeit machen lassen. (selbst machen)

   _____

2. Anna hat eine lange Mittagspause im Restaurant gemacht. (ein Butterbrot mitbringen)

   _____

3. Anna hat für mehr Urlaubstage gestreikt. (auf der Arbeit bleiben)

   _____

4. Anna hat die Großzügigkeit Ihres Chefs ausgenutzt. (fleißiger sein)

   _____

5. Anna hat sich auf eine bessere Stelle beworben. (eine Beförderung bekommen)

   _____

4 **Was wäre, wenn...?** Ergänzen Sie die Sätze mit dem **Konjunktiv II der Vergangenheit**.

> **Beispiel**
>
> Alice hat sich zur Arbeit verspätet.
> **Wenn sie den Zug nicht verpasst hätte, hätte sie sich nicht zur Arbeit verspätet.**

1. Christian hat dieses Jahr keinen Urlaub gemacht.

   _____

2. Die Inhaberin der Firma hat wegen der Wirtschaftskrise viel Geld verloren.

   _____

3. Die Sekretärin hat ihre Stelle gekündigt.

   _____

4. Die Gewerkschaft hat gestreikt.

   _____

5. Frank hat nur eine Teilzeitstelle gefunden.

   _____

6. Die Schulden haben Christa in den Konkurs getrieben.

   _____

5 **Das hätte ich gemacht!** Wählen Sie mindestens vier der Situationen unten. Erzählen Sie, was Sie in jeder Situation gemacht hätten. Verwenden Sie den **Konjunktiv II der Vergangenheit**.

- Martin hat seine Stelle verloren.
- Kerstin hat die Hypothek nicht bezahlt.
- Alexandra hat die Ferien durchgearbeitet.
- Ingrid hat ihre ganzen Ersparnisse für einen BMW ausgegeben.
- Ali ist auf dem Arbeitsmarkt nicht erfolgreich gewesen.
- Wegen der Wirtschaftskrise ist Frau Schäfer nicht in Rente gegangen.
- Manfred hat sich bei seinem Chef für die Beförderung bedankt.
- Gabriele hat nichts gespart.

_____

_____

_____

_____

_____

_____

_____

_____

_____

_____

_____

9.2 Plurals and compound nouns

1 **Pluralform** Schreiben Sie die Pluralformen auf.

1. die Gewerkschaft _____
2. der Vorteil _____
3. das Arbeitsamt _____
4. das Ferngespräch _____
5. der Rechner _____
6. die Spielzeit _____
7. die Buchhalterin _____
8. der Chef _____
9. die Verlegerin _____
10. die Entdeckung _____

2 **In der Schweiz** Ergänzen Sie Michaels Blogeintrag über seine Reise in die Schweiz. Schreiben Sie die richtige Pluralform des Substantivs in Klammern.

Wie oft habe ich davon geträumt! Vor einigen (1) _____ (der Tag) bin ich endlich in die Schweiz gereist. Ich kann zwei der vier (2) _____ (die Sprache) der Schweiz sprechen: Deutsch und Französisch. Und deshalb werde ich auch die folgenden (3) _____ (die Stadt) besuchen: Basel, Zürich und Genf. Vielleicht fahre ich auch noch nach Luzern, aber dort gibt es zu viele (4) _____ (der Tourist). Ich interessiere mich sehr für alte (5) _____ (das Gebäude). Deswegen werde ich mir in jeder Stadt die (6) _____ (die Kirche) anschauen. Zürich hat interessante (7) _____ (das Museum), die ich besuchen möchte. In Genf ist eine der größten (8) _____ (die Fontäne) der Welt, der „Jet d'Eau". Während ich in der Schweiz bin, überlege ich mir, ob ich dort studieren möchte. Die Schweiz hat gute (9) _____ (die Universität). Wenn ich Wirtschaft studiere, gibt es viele (10) _____ (die Möglichkeit) für Praktika.

3 **Singular und Plural** Schreiben Sie jeden Satz noch einmal, aber mit allen Nomen im Plural.

> **Beispiel**
>
> Der Angestellte hat eine Beförderung bekommen.
> *Die Angestellten haben Beförderungen bekommen.*

1. Die Angestellte hat einen Urlaubstag genommen.

_____

2. Die Arbeitszeit wird immer länger.

_____

3. Deswegen organisiert die Gewerkschaft einen Streik.

_____

4. Der Teilzeitarbeiter verdient zu wenig.

_____

5. Die Personalmanagerin will die Arbeiterin feuern.

_____

6. Der Inhaber möchte einen Streik vermeiden.

_____

Workbook

4 **Im Büro** Beantworten Sie jede Frage mit einer Pluralform. Verwenden Sie die angegebenen Wörter oder Aussagen.

> **Beispiel**
>
> Arbeitet eine Praktikantin im Büro? (zwei)
> *Zwei Praktikantinnen arbeiten im Büro.*

1. Hat unser Kollege die richtige Qualifikation? (viele)

   _____

2. Hat der Assistent einen Brief geschrieben? (drei)

   _____

3. Hat der Personalmanager meinen Lebenslauf bekommen? (mehrere)

   _____

4. Wird die Firma eine Teilzeitstelle anbieten? (vier)

   _____

5. Hast du eine Hypothek auf das Haus aufgenommen? (zwei)

   _____

6. Müssen wir einen Kollegen entlassen? (drei)

   _____

5 **Bilder beschreiben** Schreiben Sie einen Satz über jedes Bild mit den Pluralformen der Wörter aus der Liste. Verwenden Sie mindestens ein Wort aus der Liste für jeden Satz.

der Angestellte	die Geschäftsführerin	der Kollege	die Stelle
die Arbeitszeit	der Inhaber	der Lohn	der Urlaubstag
der Beruf	die Karriere	die Praktikantin	die Zahl

1. _____

   _____

2. _____

   _____

3. _____

   _____

6 **Das Bewerbungsschreiben** Das Semester ist fast zu Ende und Sie suchen eine Stelle für die Sommerferien. Schreiben Sie einen kurzen Brief. Beschreiben Sie Ihre Arbeitserfahrungen und Interessen. Verwenden Sie mindestens sechs Pluralformen und zwei zusammengesetzte Substantive.

_____

_____

_____

_____

_____

9.3 Two-part conjunctions

1 **Arbeit ist das halbe Leben** Verbinden Sie die Satzanfänge und -enden zu sinnvollen Sätzen.

_____ 1. Entweder der Chef feuert dich…

_____ 2. Du hast deine Arbeit zwar gut gemacht, …

_____ 3. Mal ist der Assistent nett, …

_____ 4. Einerseits ist sie zu manchen sehr freundlich, …

_____ 5. Sie tut, als…

_____ 6. Manchmal glaube ich, je mehr ich arbeite, …

a. mal ist er schlecht gelaunt.

b. ob sie die Chefin wäre.

c. hat aber zu lange gedauert.

d. oder er gibt dir eine Beförderung.

e. desto weniger verdiene ich.

f. andererseits ist sie zu einigen unfreundlich.

2 **Die Absage** Sie haben sich um eine Stelle bei einer Firma beworben. Von dieser Firma haben Sie gerade einen Brief bekommen. Ergänzen Sie den Brief mit den richtigen zweiteiligen Konjunktionen aus der Liste.

angenommen, dass	entweder… oder	weder… noch
dass… wenn	nicht nur… sondern auch	zwar… aber

Sehr geehrte Frau Neumann,

(1) _____ sind Ihre Qualifikationen bemerkenswert, wir können Sie _____ im Moment nicht einstellen. (2) _____ die akademischen Qualifikationen passen, _____ Ihre Berufserfahrung ist genau richtig. Wegen der Wirtschaftskrise können wir aber (3) _____ Beförderungen geben _____ neue Leute einstellen. (4) _____, _____ Sie nächstes Jahr noch Arbeit suchen, bitten wir Sie, sich dann (5) _____ wieder bei uns zu melden _____ uns einen neuen Lebenslauf zu schicken. Wir glauben, (6) _____ wir Sie anstellen können, _____ der Markt für unsere Produkte nächstes Jahr besser wird.

Mit freundlichen Grüßen,

Alex Koch, Personalmanager

3 **Wirtschaftskrise und Arbeit** Bilden Sie aus jedem Satzpaar einen Satz mit den zweiteiligen Konjunktionen in Klammern.

Beispiel

> Die Firma ist erfolgreich. Die Angestellten sind zufrieden. (nicht nur… sondern auch)
> *Die Firma ist nicht nur erfolgreich, sondern auch die Angestellten sind zufrieden.*

1. Die Firma hat keine Schulden. Die Firma hat keine Ersparnisse. (weder… noch)

_____

2. Ich arbeite freitags nicht. Ich arbeite montags nicht. (mal… mal)

_____

3. Man arbeitet weniger. Mehr Angestellte werden entlassen. (je… desto)

_____

4. Ich spare Geld. Ich kann die Hypothek bezahlen. (nur wenn)

_____

4 **Sätze schreiben** Verwenden Sie ein Element aus jeder Spalte und schreiben Sie fünf Sätze.

als ob	die Angestellte	ausnutzen
einerseits… andererseits	die Ausbildung	sich bewerben
je mehr… desto	die Berufserfahrung	einstellen
sowohl… als auch	der Chef	entlassen
teils… teils	die Ersparnisse	in Rente gehen
weder… noch	die Firma	leihen
zwar… aber	der Konkurs	sparen

1. _____

2. _____

3. _____

4. _____

5. _____

5 **Fragen beantworten** Beantworten Sie die Fragen mit den Konjunktionen in Klammern.

1. Welche Qualifikationen bringen Sie für diese Arbeit mit? (sowohl… als auch)

_____

2. Wie können Sie eine Wirtschaftskrise überstehen? (entweder… oder)

_____

3. Wenn Sie Geld sparen, wofür sparen Sie? (teils… teils)

_____

4. Wollen Sie Überstunden machen? Warum (nicht)? (je mehr… desto)

_____

5. Wie reagieren Arbeitgeber auf Ihre Bewerbungen? (mal… mal)

_____

6 **Liechtenstein** Sie arbeiten für eine Werbeagentur und sollen eine neue Website für die Liechtensteiner Tourismuszentrale entwerfen (*create*). Lesen Sie den Artikel im Teil **Stellen Sie sich vor, …** dieser Lektion noch einmal und schreiben Sie einen Text über eine besondere Sehenswürdigkeit. Verwenden Sie mindestens fünf zweiteilige Konjunktionen.

_____

_____

_____

_____

_____

_____

_____

_____

SCHREIBWERKSTATT

Aufsatz

Schritt 1

Lesen Sie diese Stellenanzeige und markieren Sie alle zweiteiligen Konjunktionen. Schreiben Sie dann alle Verben im **Konjunktiv II der Vergangenheit** auf und bilden Sie die Infinitivformen dieser Verben. Geben Sie auch an, ob der Konjunktiv mit **haben** oder **sein** gebildet wird.

> Als Sie jünger waren, hätten Sie sich für einen sowohl hoch bezahlten als auch spannenden Beruf interessiert? Wenn man Ihnen versprochen hätte, dass Sie in den schönsten Ländern der Welt arbeiten könnten, hätten Sie so getan, als ob das verrückt wäre? Hätten Sie überhaupt davon geträumt, dass Sie einerseits die teuersten Steine der Welt verkaufen und andererseits viel Geld verdienen würden?
>
> Lassen Sie diese Träume jetzt Wirklichkeit werden! Bewerben Sie sich um eine Stelle bei Diacorp! Bei Diacorp können Sie mal zu Hause in Europa arbeiten und mal in Afrika mit Diamanten handeln. Wir suchen nicht nur Ingenieure, sondern auch erfahrene Geschäftsführer und Verkäufer. Bitte bewerben Sie sich nur dann, wenn Sie auch unter ungewöhnlichen Bedingungen (*unusual conditions*) arbeiten können.

_____

_____

_____

_____

_____

_____

_____

_____

Schritt 2

Lesen Sie die Anzeige noch einmal und schreiben Sie alle Pluralformen auf. Bilden Sie dann die Singularform jedes Substantivs.

_____

_____

_____

_____

_____

_____

_____

_____

_____

Schritt 3

Schreiben Sie jetzt einen Brief an die Firma. Sagen Sie, warum Sie sich für eine Stelle bei Diacorp interessieren. Beschreiben Sie Ihre Berufserfahrung und Qualifikationen. Schreiben Sie mindestens zehn Sätze mit Wörtern aus dieser Lektion. Verwenden Sie den Konjunktiv II der Vergangenheit, Pluralformen, zusammengesetzte Substantive und zweiteilige Konjunktionen.

_____

_____

_____

_____

_____

_____

_____

_____

_____

_____

_____

_____

_____

_____

_____

_____

_____

_____

_____

_____

_____

_____

_____

_____

_____

_____

_____

_____

_____

Workbook

ZU BEGINN

1 **Ähnliche Wörter** Markieren Sie das Wort, das eine ähnliche Bedeutung hat wie das fettgedruckte (*bold*) Wort.

1. **das Heer:** die Sklaverei / die Armee / faschistisch
2. **vertreiben:** stürzen / bedauern / protestieren
3. **die Diktatur:** unterdrücken / liberal / die Bevölkerung
4. **kolonisieren:** kämpfen / wählen / besiedeln
5. **die Einwanderung:** der Bürgerkrieg / die Integration / die Waffe
6. **erobern:** verschwinden / regieren / besiegen

2 **Sätze ergänzen** Ergänzen Sie die Sätze mit Wörtern aus Übung 1.

1. Kriminelle Banden (*gangs*) schmuggeln _____ über die Grenze.

2. Konservative Demonstranten _____ gegen die neuen Umweltgesetze.

3. Der Kampf gegen _____ geht weiter.

4. Gekidnappt? Der Außenminister von Usbekistan _____ plötzlich.

5. _____ von Russland will besseres Trinkwasser.

6. Deutschland _____ eine liberale Kanzlerin.

7. In Ländern, wo Diamanten gefunden werden, gibt es oft blutige _____.

8. Ist die neugewählte Regierung _____ oder demokratisch?

3 **Politik in Bildern** Beschreiben Sie in zwei Sätzen die Menschen und Gebäude auf diesen Bildern. Verwenden Sie Wörter aus der Liste.

| die Bundeskanzlerin | die Demokratie | kämpfen | die Politikerin | regieren |
| die Bundesrepublik | führen | konservativ | protestieren | die Zivilisation |

1. _____   2. _____   3. _____

1. _____
   _____
   _____

2. _____
   _____
   _____

3. _____
   _____
   _____

4 Was ist das eigentlich? Wählen Sie einen dieser Begriffe (*ideas*) und schreiben Sie eine kurze Definition dazu: **die Demokratie, die Diktatur, der Frieden, die Zivilisation.**

_____

_____

_____

_____

_____

_____

_____

_____

5 Fragen beantworten Beantworten Sie die folgenden Fragen in vollständigen Sätzen.

1. Welches politische System hat Ihr Heimatland? Ist es demokratisch, monarchisch oder anders?

_____

2. Wie würden Sie ihre politische Meinung beschreiben? Konservativ, sozialdemokratisch oder links?

_____

3. Mit welchen Problemen kann Ihre Regierung gut umgehen? Mit welchen Problemen geht Ihre Regierung nicht so gut um?

_____

4. Nehmen Sie am Wahlkampf Ihres Landes teil? Gehen Sie zur Wahl? Warum (nicht)?

_____

5. Nennen Sie ein wichtiges Ereignis aus der Geschichte Ihres Landes.

_____

6 Ein wichtiges Ereignis Sie haben gerade ein Ereignis aus der Geschichte Ihres Landes als wichtig bezeichnet. Schreiben Sie einen Absatz darüber. Was ist passiert? Warum ist dieses Ereignis so wichtig in der Geschichte Ihres Landes?

die Armee	der Bürgerkrieg	das Jahrhundert	protestieren
befreien	demokratisch	kolonisieren	die Staatsbürgerschaft
besiegen	führen	der/die König(in)	überwinden

_____

_____

_____

_____

_____

_____

_____

_____

_____

KURZFILM

Spielzeugland

1 **Alles verstanden?** Beantworten Sie die folgenden Fragen zum Film *Spielzeugland*.

1. Wen sucht Marianne Meißner am Anfang des Films?

   _____

2. Welche Familie ist nicht mehr zu Hause?

   _____

3. Wohin ist die Familie Silberstein laut (*according to*) Marianne gereist?

   _____

4. Wen hat die Polizei zum Bahnhof gebracht?

   _____

5. Was erzählt Herr Silberstein Heinrich wegen des Blutes? Warum erzählt er das?

   _____

6. Wohin möchte Heinrich reisen?

   _____

7. Was wollen die Nazi-Offiziere sehen, da sie glauben, dass Heinrichs Mutter Jüdin sei (*is*)?

   _____

8. Welchen Jungen holt Heinrichs Mutter aus dem Zug?

   _____

2 **Es gibt kein Spielzeugland**

Als Marianne Meißner erzählt hat, dass David ihr Sohn sei, hat sie etwas sehr Gefährliches getan, denn einen Juden während der NS-Zeit zu verstecken, war nicht einfach. Die Nazis glauben ihr. Aber wird sie diese Geschichte auch weiterhin erzählen können? Was muss sie tun, um David, Heinrich und sich selbst zu schützen? Was müssen die beiden Kinder tun, um Frau Meißner zu helfen? Werden die Nachbarn ihnen helfen oder sie verraten?

_____

_____

_____

_____

_____

_____

_____

STELLEN SIE SICH VOR, ...

Brandenburg und Sachsen

Richtig oder falsch? Markieren Sie, ob die Aussagen **richtig** oder **falsch** sind. Korrigieren Sie die falschen Aussagen.

Richtig	Falsch	
○	○	1. Karl der Große sprach besser Französisch als Deutsch.
		_____
○	○	2. Friedrich der Große war sehr liberal und tolerant.
		_____
○	○	3. Heute ist Preußen das größte Bundesland Deutschlands.
		_____
○	○	4. Dresden liegt wie Florenz an einem Fluss: an der Donau.
		_____
○	○	5. Ein Wahrzeichen Dresdens, das nach dem Zweiten Weltkrieg rekonstruiert wurde, ist die Frauenkirche.
		_____
○	○	6. Leipzig ist eine traditionelle Messestadt, die mit Frankfurt konkurriert.
		_____

Entdeckungsreise

Die Erforschung des Universums Beschreiben Sie das Bild. Was ist das? Was wissen Sie darüber?

_____

_____

_____

_____

_____

_____

_____

_____

_____

_____

_____

_____

10.1 *Das Plusquamperfekt*

1 *Haben* oder *sein?* Wählen Sie das richtige Hilfsverbs, um jeden Satz zu ergänzen.

1. Nachdem Ali in Deutschland angekommen (hatte / war), hat er schnell Deutsch gelernt.
2. Er ist ausgewandert, da sein Heimatland sich technologisch nicht genug entwickelt (hatte / war).
3. Er (hatte / war) Informatik studiert, aber er konnte keine Arbeit in seinem Heimatland finden.
4. Er (hatte / war) aber noch jung genug gewesen, um in die Armee einberufen (*draft*) zu werden.
5. Obwohl er nicht zur Armee gehen wollte, (hatte / war) er gegen die Einberufung nicht protestiert.
6. Nach seiner Erfahrung in der Armee (hatte / war) Ali sich leichter in die Gesellschaft integriert.

2 **Eine bittere Niederlage** Der Wahlhelfer eines unterlegen (*defeated*) Politikers schreibt nach der Wahlniederlage an eine Zeitung. Ergänzen Sie den Brief mit den richtigen Plusquamperfektformen der Verben in Klammern.

Die Wahrheit. Nichts anderes (1) _____ unser Abgeordneter uns

_____ (erzählen). Und wie haben die Wähler reagiert, nachdem er zehn Jahre lang für

sie (2) _____ _____ (arbeiten)? Wo (3) _____ seine Anhänger

_____ (sein), bevor die Wahl verloren war? Ich weiß, was die Zeitschriften schreiben.

Auch vor seinem ersten Wahlsieg (4) _____ Journalisten viele Lügen _____

(verbreiten) und wenig hat sich seither geändert. Hier ist die Wahrheit: Vor seinem zweiten

Wahlsieg (5) _____ er in die Vereinigten Staaten _____ (reisen), wo er

Geschenke von Technocorp (6) _____ _____ (bekommen). Und das

(7) _____ niemand _____ (beweisen), bis er das selbst zugegeben hat!

Damals (8) _____ Journalisten _____ (sagen), der Politiker habe sich

bestechen lassen. Das ist falsch: Technocorp hat ihm kein Geld gegeben.

3 **Ein Bürgerkrieg geht zu Ende** Bilden Sie aus jedem Satzpaar einen einzigen Satz. Verwenden Sie das **Plusquamperfekt**.

> **Beispiel**
>
> Es gab endlich Frieden. Das Heer hat kapituliert. (weil)
> *Es gab endlich Frieden, weil das Heer kapituliert hatte.*

1. Die Übervölkerung hat den Bürgerkrieg verursacht (*caused*). Die Bauern hatten nicht genug Land. (da)

   _____

2. Die Bauern haben ihre Probleme unterdrückt. Sie konnten nicht mehr. (bis)

   _____

3. Sie haben Angst gehabt. Die Bürger wollten sie unterdrücken. (dass)

   _____

4. Die Bauern haben einen General gewählt. Sie begannen den Kampf. (bevor)

   _____

5. Der König hat kapituliert. Die Bauern haben kräftig gefeiert. (nachdem)

   _____

Lektion 10 Workbook **113**

Workbook

4 **Sätze ergänzen** Ergänzen Sie jeden Satz mit dem **Plusquamperfekt**. Verwenden Sie in jedem Satz verschiedene Substantive und Verben aus der Liste.

die Armee	befreien
der Bürgerkrieg	besiegen
die Diktatur	einfallen
die Niederlage	führen
der Rassismus	kämpfen
das Regierungssystem	regieren
die Republik	stürzen
die Waffe	wählen

1. Die Demokratie hat überlebt, bis _____

2. Der Kaiser hat streng regiert, weil _____

3. Der Frieden hielt , nachdem _____

4. Diese Zivilisation ist gefallen, da _____

5. Die Freiheit ging verloren, als _____

6. Die Einwanderer haben sich integriert, nachdem _____

5 **Ziele** Verwenden Sie das **Plusquamperfekt**, um zu erzählen, welche Ziele die betreffende Person im angegebenen Alter schon erreicht oder noch nicht erreicht hatten.

Beispiel

16 / ich

Mit 16 hatte ich schon Autofahren gelernt. / Mit 16 hatte ich noch nicht Autofahren gelernt.

1. 33 / mein Lehrer _____

2. 13 / ich _____

3. 46 / mein Chef _____

4. 23 / du _____

5. 92 / meine Großeltern _____

6. 19 / wir _____

6 **Brandenburg und Sachsen** Schreiben Sie einen kurzen Text über die Geschichte von Brandenburg und Sachsen mit den Informationen, die Sie im Teil **Stellen Sie sich vor, ...** dieser Lektion finden. Verwenden Sie in mindestens fünf Sätzen das **Plusquamperfekt**.

_____

_____

_____

_____

_____

_____

_____

_____

10.2 Uses of the infinitive

1 **Soll ich dieses Jahr wählen?** Wählen Sie die richtige Infinitivstruktur, um jeden Satz zu ergänzen.

1. Ist es überhaupt wichtig (zu wählen / um zu wählen)?
2. Dieses Jahr habe ich keine Lust, den Wahlkampf (ohne zu veranstalten / zu veranstalten).
3. (Anstatt zu wählen / Ohne zu wählen) darf man sich nicht über die Ergebnisse beschweren (*complain*).
4. Trotzdem habe ich nicht vor, dieses Jahr ein Wahllokal (zu besuchen / besuchen).
5. Ich habe jeden Tag Zeitung gelesen, (statt die Kandidaten zu verstehen / um die Kandidaten zu verstehen).
6. Es macht keinen Spaß (um zu wählen / zu wählen), aber ich wähle trotzdem.

2 **Zwei Schüler sprechen über Potsdam** Lukas und Devin lernen für einen Test in Geschichte. Ergänzen Sie das Gespräch mit den passenden Konjunktionen und den richtigen Infinitivformen der Verben aus der Liste. Einige Lücken werden leer bleiben, weil keine Konjunktionen notwendig sind.

| austauschen | teilen | verstehen | anstatt... zu | um... zu |
| halten | träumen | wissen | ohne... zu | zu |

LUKAS Ich versuche (1) _____, seit wann Potsdam ein Teil von Berlin ist.

DEVIN Wie bist du in die 12. Klasse gekommen, (2) _____, dass Potsdam gar kein Teil von Berlin ist?

LUKAS Also, in Potsdam sind die Alliierten zusammengekommen, (3) _____ das eroberte Deutschland in Zonen _____.

DEVIN Nicht schlecht! Vielleicht hast du doch etwas im Geschichtsunterricht gelernt, (4) _____ nur _____.

LUKAS West und Ost haben sich auch oft an der Glienicker Brücke getroffen, (5) _____ Spione (*spies*) _____.

DEVIN Ist ja gut! (6) _____ mir eine Vortrag _____, sollten wir jetzt lieber zusammen lernen.

3 **Anfänge einer Diktatur** Bilden Sie aus jedem Satzpaar einen einzigen Satz.

> **Beispiel**
>
> Die Armee hat jahrelang gekämpft. Sie hat nicht kapituliert. (ohne... zu)
> *Die Armee hat jahrelang gekämpft, ohne zu kapitulieren.*

1. Die Konservativen haben eine Diktatur gefordert. Sie haben die Wahlniederlage nicht akzeptiert. (statt... zu)

   _____

2. Sie haben es sofort versucht. Sie haben die Sozialdemokraten vertrieben. (zu)

   _____

3. Die Sozialdemokraten haben sofort kapituliert. Sie haben nicht gekämpft. (ohne... zu)

   _____

4. Die Konservativen haben Journalisten unterdrückt. Sie zeigen ihre Macht. (um... zu)

   _____

5. Es ist nicht leicht für die Bürger. Sie leben in einer Diktatur. (zu)

   _____

Workbook

4 Sätze bilden Verwenden Sie die angegebenen Satzteile, um ganze Sätze mit Infinitivformen zu schreiben.

1. es / sein / notwendig / der Rassismus / überwinden

_____

2. ein Sieg / sein / unmöglich / ohne / die Bürger / überzeugen

_____

3. der Politiker / machen / alles / um / gewählt / werden

_____

4. es / sein / wichtig / in Europa / mehrsprachig / sein

_____

5. die Demokraten / lösen / das Problem / ohne / kämpfen

_____

6. statt / gegen / die neuen Gesetze / protestieren / die Liberalen / verschwinden

_____

5 Sätze ergänzen Ergänzen Sie jeden Satzanfang mit einer Infinitivstruktur.

1. Es ist nicht leicht, _____

2. Es dauert lange, _____

3. Die Politiker versuchen, _____

4. Bundestagsabgeordnete haben vor, _____

5. Der Kanzlerin gefällt es nicht, _____

6. Es ist ihre Absicht, _____

6 Fragen beantworten Beantworten Sie die Fragen mit Infinitivstrukturen.

1. Finden Sie es interessant, Bücher über die Geschichte zu lesen? Was finden Sie (nicht) interessant? Warum?

_____

_____

_____

2. Warum ist es manchmal nicht einfach, Geschichte zu verstehen?

_____

_____

_____

3. Welche politischen Probleme sind schwer zu überwinden?

_____

_____

_____

10.3 *Der Konjunktiv I* and indirect speech

1 **Ein Gespräch über die Geschichte** Tim war heute nicht in der Vorlesung. Die anderen Studenten erzählen ihm, was die Professorin Dr. Karenina gesagt hat. Ergänzen Sie jeden Satz mit der richtigen Form des **Konjunktiv I**.

1. Dr. Karenina hat gesagt, wir _____ das Buch bis zu Ende lesen.
   a. mussten   b. muss   c. müsse   d. müssen

2. Außerdem hat Dr. Karenina gesagt, Deutschland _____ keinen Kaiser mehr.
   a. habe   b. hat   c. hast   d. gehabt

3. Ein Student hat gefragt, ob sie etwas über die Demokratie unter Bismarck erzählen _____.
   a. will   b. wolle   c. wollen   d. willst

4. Sie hat geantwortet, demokratische Bewegungen _____ wichtig gewesen.
   a. seien   b. ist   c. sind   d. sei

5. Sie hat gesagt, sie _____ den 1. Weltkrieg nächste Woche besprechen.
   a. wirst   b. wurde   c. werde   d. wird

2 **Neues von Honecker** Lesen Sie diesen Artikel über das gefundene Tagebuch von Erich Honecker. Ergänzen Sie den Artikel. Schreiben Sie die richtigen **Konjunktiv-I**-Formen in die Lücken.

DDR-Forscher berichten, man (1) _____ (haben) ein Tagebuch von Erich Honecker, dem ehemaligen Generalsekretär der SED, in Chile entdeckt. Dr. Nettlau, Leiter des Instituts für Geschichtsforschung, glaubt, auch wenn im Tagebuch nur von seinem persönlichen Leben erzählt (2) _____ (werden), (3) _____ (müssen) das Buch von großer Bedeutung sein. Persönlichkeit (4) _____ (sein) auch wichtig für den Historiker. Wenn man aus dem Buch auch nichts über die Politik (5) _____ (lernen), so (6) _____ (bekommen) man zumindest Einblick in die persönlichen Gedanken des Politikers. Dr. Nettlau berichtet, er (7) _____ (haben) bis jetzt nur Schriften über Honeckers Liebe zu Westautos gelesen.

3 **Neue Gesetze** Schreiben Sie jeden Satz noch einmal in indirekter Rede mit dem **Konjunktiv I**.

> **Beispiel**
>
> Die Kanzlerin: „Ich werde die Einwanderungsprobleme lösen."
> Die Kanzlerin sagt, sie werde die Einwanderungsprobleme lösen.

1. Der Aktivist: „Ich finde die neuen Einwanderungsgesetze schrecklich."
   _____

2. Die demonstrierenden Bürger: „Wir werden gegen die neuen Gesetze protestieren."
   _____

3. Ein Konservativer: „Die Gesetze sind für die Sicherheit notwendig."
   _____

4. Der Präsident: „Ich muss die Gesetze verabschieden."
   _____

5. Ein Journalist: „Einige Aktivisten vergleichen die neuen Gesetze mit der Sklaverei."
   _____

6. Ein Demokrat: „Alle haben das Recht auf Freiheit."
   _____

4 **Träume** Lesen Sie die Sätze und rekonstruieren Sie die ursprüngliche Aussage.

> **Beispiel**
>
> Der Liberale fragt, wann der Rassismus verschwinden werde.
> Der Liberale: „Wann wird der Rassismus verschwinden?"

1. Der Konservative sagt, der freie Markt könne ohne Ausnahme jedes Problem lösen.

   Der Konservative: „_____"

2. Der Sozialdemokrat sagt, wir müssen die Gesetze streng durchführen.

   Der Sozialdemokrat: „_____"

3. Die Präsidentin fragt, warum das Volk sie beschuldige.

   Die Präsidentin: „_____"

4. Der Politiker fragt, wann die Welt in Frieden leben werde.

   Der Politiker: „_____"

5. Der Einwanderer fragt, ob er ohne Probleme arbeiten gehen dürfe.

   Der Einwanderer: „_____"

6. Der König hat sich gefragt, wann er wieder an die Macht dürfe.

   Der König: „_____"

7. Der Abgeordnete sagt, dass einige Gesetze auf ihn nicht zutreffen.

   Der Abgeordnete: „_____"

8. Die Politikerin meint, unsere Zivilisation hänge vom Rechtsstaat ab.

   Die Politikerin: „_____"

5 **Ein Zeitungsbericht** Stellen Sie sich vor, Sie sind Reporter(in) bei einer politischen Debatte. Schreiben Sie einen Artikel darüber. Wer hat in der Debatte was gesagt? Schreiben Sie mindestens fünf Sätze mit der Form des **Konjunktiv I** der Verben aus der Liste.

betrügen	erreichen	sparen
entwickeln	führen	überwinden
erhalten	regieren	wählen

_____

_____

_____

_____

_____

_____

_____

_____

_____

_____

SCHREIBWERKSTATT

Aufsatz

Schritt 1

Lesen Sie diesen Zeitungsartikel über neue Sicherheitsmaßnahmen (*safety measures*) in Flughäfen und schreiben Sie alle Infinitivformen und alle Formen des Plusquamperfekts auf.

> Die Sicherheit stelle immer Probleme dar, hatte Sicherheitschef Horst Lauchrenner schon immer gemeint. Wie könne man wissen, ob man etwas verpasse, ohne bei jedem Fluggast eine Leibesvisitation (*body search*) durchzuführen? Sehe man wirklich alles? Diese Fragen hatten ihn schon sein Längerem beschäftigt. Herr Lauchrenner sagt, er sei mit den Ergebnissen sehr zufrieden. Dass die Fluggäste gegen die Körperscanner protestieren, sei für ihn und seine Mitarbeiter kein Thema. Wie viel Sicherheit man brauche, sei eine politische Frage. Seit Jahren verlange man immer weitere Sicherheitsmaßnahmen, erzählt Herr Lauchrenner. Bedauern die Wähler die neuen Sicherheitskontrollen, so können sie sich politisch engagieren, statt ihn und seine Mitarbeiter anzugreifen.

_____
_____
_____
_____
_____
_____
_____
_____
_____

Schritt 2

Lesen Sie nun den Absatz noch einmal und schreiben Sie alle Verben im Konjunktiv I auf. Geben Sie die Infinitivform der Verben an.

_____
_____
_____
_____
_____
_____
_____
_____
_____

Schritt 3

Wählen Sie ein historisches Ereignis und schreiben Sie einen Zeitungsartikel aus der Perspektive eines Menschen, der das Ereignis erlebt hat. Beschreiben Sie, was passiert ist und warum. Erzählen Sie auch, was vor dem Ereignis schon passiert war. Berichten Sie darüber, was man damals über das Ereignis gesagt hat. Schreiben Sie mindestens zehn Sätze und verwenden Sie Wörter aus Lektion 10 sowie das Plusquamperfekt, Infinitivstrukturen und den Konjunktiv I.

_____

_____

_____

_____

_____

_____

_____

_____

_____

_____

_____

_____

_____

_____

_____

_____

_____

_____

_____

_____

_____

_____

_____

_____

_____

_____

_____

_____

_____

Lektion 1

1 **Albert und Sarila** Hören Sie Emma und Valerie zu. Sie sprechen über ein befreundetes Paar: Albert und Sarila. Lesen Sie anschließend die Beschreibungen unten. Markieren Sie, welche Aussagen für Albert (**A**) und welche für Sarila (**S**) gelten.

_____ pessimistisch   _____ ruhig

_____ empfindlich   _____ verständnisvoll

_____ liebevoll   _____ nicht charmant

_____ unreif   _____ schüchtern

_____ genial   _____ ehrlich

2 **Richtig oder falsch?** Hören Sie noch einmal zu. Markieren Sie, ob die folgenden Aussagen **richtig** oder **falsch** sind. Korrigieren Sie die falschen Aussagen.

Richtig **Falsch**

○ ○   1. Emma und Valerie sagen, dass Albert pessimistisch ist.

_____

○ ○   2. Sarila liebt Albert, weil er sehr liebebedürftig ist.

_____

○ ○   3. Emma denkt, dass Albert unreif ist.

_____

○ ○   4. Albert ist immer bestürzt.

_____

○ ○   5. Albert ist bezaubernd.

_____

○ ○   6. Emma und Valerie denken, dass Albert und Sarila gut zusammenpassen.

_____

Lab Manual

3 **Machen die das wirklich?** Schauen Sie sich die Bilder unten an. Hören Sie sich die Aussagen an und korrigieren Sie sie anschließend.

Beispiel

Sie hören: Johannes und Maria gehen zusammen aus.
Sie sagen: Nein, Johannes und Maria heiraten.

 1.    2.    3.    4.

     Lektion 1 Lab Manual

STRUKTUREN

1.1 Word order: statements and questions

1 **Frage oder Aussage?** Hören Sie zu and markieren Sie, ob es sich um eine **Frage** oder eine **Aussage** handelt.

	eine Frage	eine Aussage			eine Frage	eine Aussage
1.	○	○		5.	○	○
2.	○	○		6.	○	○
3.	○	○		7.	○	○
4.	○	○		8.	○	○

2 **Etwas über Nera** Hören Sie sich das Gespräch zwischen Franz und Ilona an. Beantworten Sie die Fragen wie im Beispiel. Wiederholen Sie anschließend die richtige Antwort.

> **Beispiel**
>
> *Sie hören:* Wann siehst du Nera wieder?
> *Sie sehen:* morgen früh
> *Sie sagen:* Ich sehe sie morgen früh wieder.

1. verliebt   4. jeden Tag
2. bezaubernd   5. ins Kino
3. meinen Freund   6. nur zwei Stunden

3 **Am Telefon** Silvia telefoniert mit Stefan. Stefan hat viele Fragen. Hören Sie Silvia zu und schreiben Sie auf, was Stefan gefragt hat. Wiederholen Sie anschließend die Frage.

> **Beispiel**
>
> *Sie hören:* Anja und Lorenzo verloben sich nächste Woche.
> *Sie sehen:* nächste Woche
> *Sie fragen:* Wann verloben sie sich?

1. nächstes Jahr   4. in München
2. einfacher Ring   5. bezaubernd
3. seit drei Jahren   6. aus Spanien

4 **Beziehungen, Verabredungen und Freunde** Hören Sie sich jede Frage an und beantworten Sie sie in vollständigen Sätzen.

1. _____

2. _____

3. _____

4. _____

5. _____

Lab Manual

1.2 Present tense of regular and irregular verbs

1 **Annas Gedanken** Anna macht sich Gedanken über Elke und Oliver als Paar. Hören Sie ihr zu und schreiben Sie die Infinitivformen der Verben, die Sie hören.

> **Beispiel**
>
> *Sie hören:* Elke und Oliver sind schon so lange verlobt.
>
> *Sie schreiben:* <u>sein</u>

1. _____   6. _____
2. _____   7. _____
3. _____   8. _____
4. _____   9. _____
5. _____   10. _____

2 **Am Wochenende** Hören Sie sich die Aussagen an und sagen Sie jeden Satz noch einmal mit dem angegebenen Subjekt. Achten Sie dabei auf die richtige Verbform.

> **Beispiel**
>
> *Sie hören:* Ich gehe samstags ins Kino.
>
> *Sie sehen:* du
>
> *Sie sagen:* Du gehst samstags ins Kino.

1. meine Freundin
2. du
3. ihr
4. meine Eltern
5. wir
6. ich

3 **Fragen beantworten** Hören Sie sich jede Frage an und beantworten Sie sie mit den angegebenen Wörtern unten. Dann wiederholen Sie die Antworten.

> **Beispiel**
>
> *Sie hören:* Wer liest das Buch?
>
> *Sie sehen:* meine Mutter
>
> *Sie sagen:* Meine Mutter liest das Buch

1. bis Mittag
2. 10 Uhr
3. Edward
4. mit dem Zug
5. Freunde besuchen
6. ihr Ehemann

Lab Manual

1.3 Nominative and accusative cases; pronouns and possessive adjectives

1 **Welche Antwort ist richtig?** Hören Sie sich jede Frage an und wählen Sie die korrekte Antwort.

1. a. Ja, ich schaue ihn mir heute Abend an.
   b. Ja, ich schaue es mir heute Abend an.
2. a. Nein, Ihre Frau kenne ich nicht.
   b. Nein, ihre Frau kenne ich nicht.
3. a. Ja, er besucht ihn nächste Woche.
   b. Ja, er besucht sie nächste Woche.
4. a. Ja, sie haben ihr verschoben.
   b. Ja, sie haben sie verschoben.
5. a. Ja, ich vermisse dich.
   b. Ja, ich vermisse sie.

2 **Das richtige Wort** Hören Sie sich die Gespräche an und wählen Sie das richtige Wort für jeden Satz.

1. Andreas stört _____ nicht.

   a. es   b. ihn   c. uns

2. Jakob findet _____ klasse.

   a. ihn   b. es   c. sie

3. Ulla will _____ vielleicht nächste Woche wiedersehen.

   a. er   b. es   c. ihn

4. Maria findet _____ Hochzeit sehr stressig.

   a. diese   b. dieser   c. diesen

5. Dorothea will _____ Hochzeit.

   a. kein   b. keine   c. keinen

3 **Der richtige Kasus** Beantworten Sie die Fragen mit den angegebenen Wörtern. Wiederholen Sie anschließend die richtige Antwort.

> **Beispiel**
>
> *Sie hören:* Wen siehst du?
> *Sie sehen:* dein Mann
> *Sie sagen:* Ich sehe deinen Mann.

1. meine Schwester
2. Robert
3. Montag
4. seine Tante
5. ihr Freund
6. dieser Artikel über die Ehe

WORTSCHATZ

Jetzt hören Sie den Wortschatz am Ende der Lektion. Hören Sie zu und wiederholen Sie.

Lab Manual

ZU BEGINN

Lektion 2

1 **Wie komme ich zu...?** Edward, ein Tourist in Berlin, weiß nicht, wo er ist. Hören Sie sich die Wegbeschreibung des Polizisten an und markieren Sie die Wörter, Verben oder Ausdrücke, die Sie hören.

_____ eine Wegbeschreibung geben	_____ die Ecke	_____ überqueren
_____ sich verlaufen	_____ vorbeigehen	_____ einsteigen
_____ aussteigen	_____ wenden	_____ anhalten
_____ der Zebrastreifen	_____ liegen	_____ überfüllt
_____ der Zeitungskiosk	_____ parken	_____ sich unterhalten

2 **Fußgänger oder U-Bahn-Passagier?** Edward erzählt seinem Freund Alex, wie man zum Friedrichstadt-Palast kommt. Hören Sie zu und entscheiden Sie, ob die folgenden Aussagen **richtig** oder **falsch** sind. Korrigieren Sie die falschen Aussagen.

Richtig   Falsch

○   ○   1. Lisa bleibt noch lange im Friedrichstadt-Palast.

_____

○   ○   2. Edward will nicht zu Fuß gehen.

_____

○   ○   3. Die Fahrt zum Friedrichstadt-Palast ist sehr lang.

_____

○   ○   4. Alex will etwas von der Stadt sehen.

_____

○   ○   5. Edward will immer noch mit der U-Bahn fahren.

_____

○   ○   6. Alex fährt auch mit der U-Bahn.

_____

3 **Die Stadt und die Umwelt** Oliver und Thomas sprechen über das Leben in der Stadt, das Leben auf dem Land und die Umwelt. Hören Sie zu und beantworten Sie die Fragen in vollständigen Sätzen.

1. _____

2. _____

3. _____

4. _____

5. _____

STRUKTUREN

2.1 Dative and genitive cases

1 **Oma und Opa besuchen** Hannah möchte ihre Großeltern in Berlin besuchen. Sie hören einen Teil des Gesprächs mit ihrem Bruder Jan. Ergänzen Sie Jans Antworten mit dem richtigen Pronomen, mithilfe von Hannahs Aussagen.

> **Beispiel**
> *Sie hören:* Hallo Jan! Hast du mal einen Moment Zeit?
> *Sie sehen:* Klar, womit kann ich _____ helfen?
> *Sie schreiben:* <u>dir</u>

1. Wann willst du fahren? Vielleicht will meine Freundin Tanja mit _____ kommen.

2. Was geht es sie an, wenn ich mit _____ meine Zeit verbringen will?

3. Schon gut. Ich will _____ nicht auf die Nerven gehen.

4. Ok, was schenken wir _____?

5. Perfekt. Wir können _____ ein Buch mitbringen.

6. Ja, warum nicht. Die könnte _____ beiden gefallen.

7. Nein. Die Fahrt ist _____ zu lang. Ich möchte mit dem Zug fahren und meine Geige mitnehmen.

8. Gut! Wenn ihr möchtet, werde ich _____ gleich mein neues Stück vorspielen.

2 **Ein neugieriger Besucher** Adam zeigt Felix seine neue Wohnung. Felix stellt ihm viele Fragen. Beantworten Sie die Fragen wie im Beispiel. Dann wiederholen Sie die richtigen Antworten.

> **Beispiel**
> *Sie hören:* Wem gehört das Buch?
> *Sie sehen:* mein Mitbewohner
> *Sie sagen:* Das Buch gehört meinem Mitbewohner.

1. meine Schwester   4. ja
2. nein   5. mein Vater
3. meine Freundin Karin   6. nur du

3 **Wie leben Sie?** Beantworten Sie die folgenden Fragen über das Leben in der Stadt.

1. _____

2. _____

3. _____

4. _____

5. _____

6. _____

2.2 Prepositions

1 **Wie komme ich zu dir?** Uwe versucht, die Wohnung seines Freundes Abed zu finden. Er hat sich aber verfahren und muss Abed anrufen, um ihn nach dem Weg zu fragen. Hören Sie genau zu, und bestimmen Sie, ob die Präposition mit dem Akkusativ oder dem Dativ steht.

	Akkusativ	Dativ
mit		
über		
über		
in		
an		
in		

2 **Eine neue Wohnung** Sie hören acht Sätze über Susannes neue Wohnung und die Wohngegend. Erweitern Sie diese mit den angegebenen Präpositionen und Worten. Sprechen Sie dann die richtige Antwort nach.

> **Beispiel**
>
> *Sie hören:* Susanne zieht ein.
> *Sie sehen:* eine neue Wohnung
> *Sie sagen:* Susanne zieht in eine neue Wohnung ein.

bei	gegenüber	ohne	während
durch	innerhalb	seit	wegen

1. zwei Wochen
2. die Busshaltestelle
3. ein Aufzug
4. ihre vielen Freunde
5. der Sommer
6. ihre Nachbarn
7. das Vierte
8. die Geschäfte

3 **Ein Abendkonzert** Edward und Alex haben endlich Lisa gefunden und sie gehen alle zusammen aus. Beantworten Sie die Fragen wie im Beispiel. Dann wiederholen Sie die richtigen Antworten.

> **Beispiel**
>
> *Sie hören:* Womit fährt Edward?
> *Sie sehen:* die Straßenbahn
> *Sie sagen:* Edward fährt mit der Straßenbahn.

1. das Museum

2. die alten Gebäude

3. das Treffen

4. ein Konzert

5. die Konzertpause

6. 21.00 Uhr

Lab Manual

2.3 *Das Perfekt*; separable and inseparable prefix verbs

1   **Ein Besuch in Berlin** Sie haben vor kurzem Berlin besucht. Ein Freund von Ihnen stellt Fragen zu Ihrem Besuch. Hören Sie zu und beantworten Sie seine Fragen. Wählen Sie die richtige Antwort.

1. a. Ich habe Berlin besucht, weil ein Freund mich eingeladen hat.
   b. Ich besuche Berlin, weil ein Freund mich einlädt.
2. a. Du hast ihn letztes Jahr kennengelernt.
   b. Ich habe ihn letztes Jahr kennengelernt.
3. a. Ich komme nächsten Monat an.
   b. Ich bin letzen Monat in Berlin angekommen.
4. a. Ja, wir haben zusammen viel besichtigt.
   b. Ja, sie haben viel besichtigt.
5. a. Ja, es hat mir nicht gefallen.
   b. Ja, sie hat mir gefallen.
6. a. Nein, er hat mich nicht angerufen.
   b. Nein, er ruft mich immer an.

2   **Das war aber gestern!** Sebastian kann sich nicht mehr erinnern, was seine Freunde alles gemacht haben. Erzählen Sie ihm, was passiert ist. Sie hören einen Satz im Präsens. Wiederholen Sie den Satz im Perfekt. Wiederholen Sie anschließend die richtige Antwort.

> **Beispiel**
>
> *Sie hören:* Sebastian fährt nach Berlin.
> *Sie sagen:* Sebastian ist nach Berlin gefahren.

3   **Wer war das?** Beantworten Sie jede Frage mit dem angegebenen Subjekt. Dann wiederholen Sie die richtige Antwort.

> **Beispiel**
>
> *Sie hören:* Wer ist heute Morgen früh aufgestanden?
> *Sie sehen:* David und Andreas
> *Sie sagen:* David und Andreas sind heute Morgen früh aufgestanden.

1. ich	6. der Mieter
2. Natascha	7. Patrick
3. der Polizeibeamte	8. Klaus Wowereit
4. du	9. wir
5. Abi und Beate	10. Karl

WORTSCHATZ

Jetzt hören Sie den Wortschatz am Ende der Lektion. Hören Sie zu und wiederholen Sie.

Lab Manual

ZU BEGINN

Lektion 3

1 **Erkennen Sie die Wörter?** Hören Sie sich die Aussagen an und markieren Sie, welches Wort zur Definition passt.

1. _____   5. _____   a. der Journalist   e. einflussreich

2. _____   6. _____   b. der Dokumentarfilm   f. die Zensur

3. _____   7. _____   c. objektiv   g. die Werbung

4. _____   8. _____   d. die Monatsschrift   h. der Zuschauer

2 **Eine Liveübertragung** Angela Werner und Michael Piotrowski sind zu Gast in Marcello Baccus' Radiosendung „Medien und Gesellschaft". Hören Sie sich das Gespräch an und markieren Sie, ob die folgenden Aussagen **richtig** oder **falsch** sind.

Richtig   Falsch

○   ○   1. Angela Werner ist Journalistin.

○   ○   2. Michael Piotrowski ist Fernsehreporter.

○   ○   3. Michael kritisiert Angela oft.

○   ○   4. Angela ist stolz auf ihre Zeitung.

○   ○   5. Michael meint, dass die Kriminalität in Deutschland steigt.

○   ○   6. Michael und die Bürgermeisterin sind verheiratet.

○   ○   7. Michael sagt, dass sein Familienleben nichts mit seiner Arbeit zu tun hat.

○   ○   8. Angela sagt, dass ihre Zeitung objektiv ist.

○   ○   9. Angela meint, dass der Sportteil ihrer Zeitung gut ist.

○   ○   10. Michael sagt, dass die Artikel im Sportteil oft irreführend (*misleading*) sind.

3 **Der Mensch und die Massenmedien** Schauen Sie sich die Bilder unten an. Beantworten Sie die Fragen mit Wörtern aus der Liste. Dann wiederholen Sie die richtige Antwort.

Beispiel

Sie hören: Was machen die Kinder?

Sie sagen: Sie sehen sich einen Zeichentrickfilm an.

ein Interview   eine Livesendung   eine Meinungsumfrage   eine Seifenoper

1.   2.   3.   4.

Lab Manual

STRUKTUREN

3.1 *Das Präteritum*

1 **Sport und Medien** Beantworten Sie die Fragen einer Journalistin über Ihre Mediengewohnheiten und die Olympischen Spiele. Hören Sie sich die Fragen an und wählen Sie die richtige Antwort.

1. a. Die Olympischen Spiele fanden im Jahr 2008 statt.
   b. Die Olympischen Spiele fanden in China statt.
2. a. Meine Freundin las viele Bücher.
   b. Ich las Berichte im Internet.
3. a. Ja, du sahst dir die Spiele oft im Fernsehen an.
   b. Ja, ich sah mir die Spiele oft im Fernsehen an.
4. a. Ja, ich fand die Spiele sehr interessant.
   b. Nein, Sie fanden die Spiele nicht interessant.
5. a. Ich interessierte mich für Sprache und Kultur.
   b. Ich interessierte mich für Schwimmsport.
6. a. Ja, wir sprachen oft bei der Arbeit über die Ereignisse.
   b. Ja, ihr spracht oft bei der Arbeit über die Ereignisse.
7. a. Ich hörte manchmal Radiosendungen.
   b. Wir sangen viele Lieder.

2 **Konzert in Duisburg** Hören Sie sich die Radiosendung an und vervollständigen Sie den Zeitungsartikel, der über das gleiche Ereignis berichtet. Achten Sie dabei auf die richtigen Verbformen im Präteritum.

Mehr als eine Million Besucher (1) _____ in Duisburg auf dem Konzertgelände

zusammen, um den Auftritt (*performance*) der beliebten Deutschrockgruppe „Die Ärzte" zu sehen.

Einige der Konzertbesucher (2) _____ sich, weil zunächst eine andere Rockgruppe

(3) _____. Der Sänger (4) _____ als der verstorbene Sänger Falco verkleidet.

Er (5) _____ ihm so ähnlich (*similar*), dass viele (6) _____, Falco wirklich

zu sehen! Einigen Konzertbesuchern (7) _____ das zu viel und sie (8) _____

sogar in Ohnmacht. Sie (9) _____ aber schnell wieder auf. Endlich

(10) _____ dann auch das Konzert der „Ärzte".

3 **Ein Dokumentarfilm** Diese Radiosendung berichtet über einen neuen Dokumentarfilm. Hören Sie sich die Sendung an und sagen Sie jeden Satz noch einmal mit der Präteritumsform des Verbs.

> **Beispiel**
>
> *Sie hören:* Sie haben den Dokumentarfilm innerhalb von drei Wochen gedreht.
> *Sie sagen:* Sie drehten den Dokumentarfilm innerhalb von drei Wochen.

3.2 Coordinating, adverbial, and subordinating conjunctions

1 **Medienverhalten** Hören Sie sich die Nachrichtensendung an. Achten Sie auf die Konjunktionen und schreiben Sie in die Tabelle die koordinierenden oder subordinierenden Konjunktionen, die Sie hören.

koordinierende Konjunktionen	subordinierende Konjunktionen

2 **Medien rund um die Uhr** Hören Sie sich jedes Aussagenpaar an. Bilden Sie daraus einen Satz mit der angegebenen Konjunktion. Dann wiederholen Sie die richtige Antwort.

> **Beispiel**
>
> *Sie hören:* Ich stand auf. Ich checkte dann meine E-Mails.
> *Sie sehen:* und
> *Sie sagen:* Ich stand auf und checkte dann meine E-Mails.

1. als
2. während
3. oder
4. sonst
5. und
6. bevor

3 **Fragen über Medien** Hören Sie sich jede Frage an und geben Sie die richtige Antwort, indem Sie Konjunktionen verwenden. Dann wiederholen Sie die richtige Antwort.

> **Beispiel**
>
> *Sie hören:* Warum abonnieren Sie die Zeitung nicht?
> *Sie sehen:* Wir sehen lieber die Nachrichtensendungen. (weil)
> *Sie sagen:* Wir abonnieren die Zeitung nicht, weil wir lieber die Nachrichtensendungen sehen.

1. Nein, ich kenne den Journalisten. (aber)
2. Ja, ich lese den Sportteil. (und)
3. Ja. Der Bürgermeister will das nicht. (obwohl)
4. Ja. Viele Leute verletzten sich. (dass)
5. Ja. Ich verstehe die Sprache nicht. (wenn)
6. Gut. Der Film ist uninteressant. (aber)

Lab Manual

3.3 Relative pronouns and clauses

1 **Mein neuer Artikel** Hören Sie sich das Gespräch zwischen Max und Azra an. Markieren Sie, ob die Relativpronomen, die sie verwenden, im Nominativ (N), Akkusativ (A), Dativ (D) oder Genitiv (G) stehen.

_____ 1. Max   _____ 5. Max

_____ 2. Azra   _____ 6. Azra

_____ 3. Max   _____ 7. Max

_____ 4. Azra   _____ 8. Azra

2 **Kurze Gespräche** Hören Sie sich das Gespräch an und wählen Sie das richtige Relativpronomen, um jeden Satz zu ergänzen.

1. Sebastian lernte den Regisseur kennen, _____ Film er sah.

   a. dessen   b. der   c. denen

2. Phillip schrieb eine Kleinanzeige, _____ in der Zeitung erscheint.

   a. der   b. deren   c. die

3. Das Buch, _____ Oliver zu lang findet, sieht man als Bearbeitung im Fernsehen.

   a. dessen   b. der   c. das

4. Heide, _____ Bruder als Synchronsprecher arbeitet, findet die Synchronisation nicht schlecht.

   a. der   b. deren   c. dessen

5. Die Musiker, _____ Arne gefallen, heißen Jan und Niko.

   a. die   b. das   c. der

3 **Medienkonsum** Hören Sie sich die Fragen an und schreiben Sie sinnvolle Antworten mit den angegebenen Wörtern. Dann wiederholen Sie die richtige Antwort.

> **Beispiel**
>
> *Sie hören:* Was siehst du dir im Fernsehen an?
>
> *Sie sehen:* ein Dokumentarfilm / ich / höchst interessant finden
>
> *Sie sagen:* Ich sehe mir einen Dokumentarfilm an, den ich höchst interessant finde.

1. die Fernsehserie / ich sehe / spannend finden
2. Der Zeichentrickfilm / vorhin im Fernsehen geben / am Freitag wieder kommen
3. Der Korrespondent / über den Krieg berichten / im Mittleren Osten sein
4. Der Zeitungsartikel / nicht richtig sein / im *Rheindorfer Wochenblatt* stehen
5. Journalisten / überall auf der Welt arbeiten / für die Pressefreiheit kämpfen
6. viele Comichefte / interessant sein / Kritik enthalten

WORTSCHATZ

Jetzt hören Sie den Wortschatz am Ende der Lektion. Hören Sie zu und wiederholen Sie.

Lab Manual

Lektion 4

1 **Alexandra und Haluk planen eine Reise** Hören Sie sich das Gespräch zwischen Alexandra und Haluk über Ihre Ferienpläne an. Notieren Sie zu jeder Aktivität ein **A** oder ein **H**, um zu zeigen, zu welcher Person sie gehört.

_____ organisieren   _____ windsurfen

_____ Auto mieten   _____ sonnenbaden

_____ Hotel buchen   _____ schnorcheln

_____ einchecken   _____ fischen

_____ wandern   _____ segeln

_____ Kanu fahren   _____ einpacken

2 **Richtig oder falsch** Hören Sie sich das Gespräch noch einmal an. Bestimmen Sie, ob die folgenden Aussagen **richtig** oder **falsch** sind.

Richtig   Falsch

○   ○   1. Alexandra und Haluk fahren erst später in den Urlaub.

○   ○   2. Sie machen Ferien an der Nordsee.

○   ○   3. Sie fahren mit dem Zug.

○   ○   4. Alexandra und Haluk bleiben bei Freunden in Bremen.

○   ○   5. Man kann auf der Nordsee Kanu fahren.

○   ○   6. Haluk meint, dass er unsportlich ist.

○   ○   7. Alexandra liegt gern in der Sonne.

○   ○   8. Alexandra hat noch nie geschnorchelt.

○   ○   9. Haluk kann nicht kochen.

○   ○   10. Haluk fängt sofort mit dem Packen an.

3 **Machen sie das wirklich?** Schauen Sie sich die Bilder an und beantworten Sie die Fragen. Hören Sie dann ein zweites Mal zu und geben Sie die richtige Antwort.

Beispiel

Sie hören: Maria sitzt im Café.

Sie sagen: Nein, Maria entspannt sich auf dem Berg.

1.   2.   3.   4.

Lab Manual

STRUKTUREN

4.1 *Das Futur*

1 **Hans in Dortmund** Hans wird seine Familie in Dortmund eine Woche lang besuchen. Er erzählt, was er dort machen wird. Hören Sie zu und setzen Sie die Verben ins Futur.

Ich (1) _____ nächste Woche nach Dortmund _____, das ist meine

Heimatstadt. Die lange Reise dorthin (2) _____ sich _____, weil das

letzte Mal schon so lange her ist. Ich (3) _____ meine Eltern _____. Leider

(4) _____ meine Schwester nicht da _____. Sie (5) _____ auf

eine Geschäftsreise nach Russland _____. Meine Eltern und ich (6) _____

uns in der Innenstadt _____. Natürlich (7) _____ ich auch alte Freunde

_____. Vielleicht (8) _____ wir einen großen Tisch in einem Restaurant

_____, da meine Eltern für so viele Leute keinen Platz haben. Auch das Juicy-Beats-

Musikevent (9) _____ nächste Woche in Dortmund _____. Dorthin

(10) _____ ich auf jeden Fall _____.

2 **Eine kurze Reise** Christoph stellt Selena Fragen zu ihrer kurzen Reise an die Ostsee, die sie mit einigen Freunde machen werden. Hören Sie sich Christophs Fragen an und geben Sie die Antworten. Dann wiederholen Sie die richtigen Antworten.

> **Beispiel**
>
> *Sie hören:* Um wie viel Uhr werden wir die Wohnung verlassen?
> *Sie sehen:* um drei Uhr
> *Sie sagen:* Wir werden die Wohnung um drei Uhr verlassen.

1. um halb drei	3. du	5. schwimmen
2. mit dem Auto	4. nur eine halbe Stunde	6. heute Abend

3 **Ihre nächste Reise** Sie hören sechs Fragen. Beantworten Sie die Fragen im Futur in vollständigen Sätzen.

1. _____

_____

2. _____

_____

3. _____

_____

4. _____

_____

5. _____

_____

6. _____

_____

4.2 Adjectives (Part 1)

1 **Ein unerwartetes Angebot** Alice und Hamid besprechen ihre Lieblingsreiseziele. Hören Sie zu und markieren Sie, welche der folgenden Adjektive Prädikatsadjektive und welche Attributivadjektive sind.

	Prädikatsadjektive	Attributivadjektive
enttäuscht		
schönes		
interessant		
große		
pleite		
lustige		
weiß		
teuer		
billige		
herrliche		

2 **Am Flughafen** Wolfgang arbeitet am Flughafen. Er erzählt, was er oft bei der Arbeit sieht. Hören Sie, was er berichtet, und formen Sie die Sätze um, entweder im Singular oder im Plural. Dann wiederholen Sie die richtige Antwort.

> **Beispiel**
>
> *Sie hören:* Die Touristen machen schöne Fotos.
> *Sie sehen:* Foto
> *Sie sagen:* Die Touristen machen ein schönes Foto.

1. Pilot
2. Flugzeuge
3. Kinder
4. Tier / Käfig
5. Reise / Reisender
6. Buch / Ferientag

3 **So ist das aber nicht!** Hören Sie sich jede Frage an und beantworten Sie sie mit dem richtigen Adjektiv und dem Nomen. Dann wiederholen Sie die richtige Antwort.

> **Beispiel**
>
> *Sie hören:* Gehört Ihnen das große Boot?
> *Sie sehen:* klein
> *Sie sagen:* Nein. Mir gehört das kleine Boot.

1. sicher
2. nah
3. französisch
4. schön
5. neu
6. enttäuscht

Lab Manual

4.3 Adjectives (Part 2)

1 **Das richtige Adjektiv** Sie hören fünf Gespräche. Wählen Sie das richtige Adjektiv für die Lücke im Satz.

1. Kristinas Wohnung ist zu klein, sie will eine _____.

   a. kleine   b. große   c. schöne

2. Katja fährt nicht mit dem langsamen Zug, sondern mit dem _____.

   a. schnellen   b. billigen   c. kleinen

3. Selena möchte ein witziges Fernsehprogramm, Jan will ein _____.

   a. interessantes   b. dramatisches   c. langweiliges

4. Wendys altes Auto war langsam, das _____ ist schnell.

   a. hässliche   b. schnelle   c. neue

5. Der neue DVD-Player ist teuer, der alte war ein _____.

   a. langweiliger   b. guter   c. billiger

2 **Samuel besucht München** Sie hören acht Sätze. Schreiben Sie die Sätze neu, indem Sie die Adjektive in Nomen umwandeln. Achten Sie auf die richtigen Endungen.

1. Der _____ lebt in Vierteln wie Bogenhausen oder Schwabing.

2. Die _____ findet man in den Vororten.

3. Der _____ studiert an der Technischen Universität oder der LMU.

4. Die _____ leben oft in kleinen Wohngemeinschaften, denn Platz ist teuer.

5. Im Sommer kann man im _____ seine Freizeit verbringen.

6. Der _____ kommt hier voll auf seine Kosten.

7. Nicht nur _____ treffen sich auf dem Oktoberfest.

8. Die _____ der Stadt treffen sich zum Kaffee auf dem Viktualienmarkt.

3 **Verb als Adjektiv** Hören Sie sich jeden Satz an. Bilden Sie einen neuen Satz, indem Sie das Verb, das Sie sehen, in ein Adjektiv umformen. Dann wiederholen Sie die richtige Antwort.

> **Beispiel**
>
> *Sie hören:* Der Junge läuft ins Haus zurück.
> *Sie sehen:* weinen
> *Sie sagen:* Der weinende Junge läuft ins Haus zurück.

1. hungern
2. tanzen
3. schwitzen (*to sweat*)
4. schlafen
5. schwimmen

WORTSCHATZ

Jetzt hören sie den Wortschatz, der am Ende des Kapitels aufgelistet ist. Hören Sie zu und wiederholen Sie.

Lektion 5

1 **Kunstarten** Hören Sie sich die kurzen Gespräche an und markieren Sie, ob man Literatur, Theater, Musik oder bildende Künste bespricht.

	Literatur	Theater	Musik	Bildende Künste
1.	○	○	○	○
2.	○	○	○	○
3.	○	○	○	○
4.	○	○	○	○
5.	○	○	○	○
6.	○	○	○	○

2 **Fragen beantworten** Hören Sie sich jedes Gespräch noch einmal an und wählen Sie die richtige Antwort auf die Frage, die Sie hören.

1. a. Das Leben in Wien ist ihm langweilig.
   b. Er möchte Rodins Skulptur besichtigen.
   c. Er möchte den Eifelturm besichtigen.
2. a. Er singt den Text einer Oper.
   b. Er singt Rockmusik.
   c. Er singt ein Volkslied.
3. a. Sie findet es nicht schlecht.
   b. Es gefällt ihr sehr gut.
   c. Es gefällt ihr nicht besonders.
4. a. Es macht ihm Spaß.
   b. Für seine Mutter.
   c. Für den Deutschkurs.
5. a. Er findet ihn nicht schlecht.
   b. Er findet ihn sehr schlecht.
   c. Er findet ihn sehr gut.
6. a. Sie findet es schön.
   b. Sie findet es hässlich.
   c. Sie findet es uninteressant.

3 **Wer oder was ist das?** Hören Sie sich die Beschreibungen an und beantworten Sie die Fragen mit dem richtigen Wort aus der Liste unten. Sie hören dann die Antwort noch einmal und wiederholen sie. Ein Wort aus der Liste werden Sie nicht brauchen.

Beispiel

Sie hören: Gestern Abend haben Konstantin und Helena eine Aufführung im Theater mit Sängern und einem Orchester gesehen. Wo sind sie gestern gewesen?

Sie sagen: Sie sind in der Oper gewesen.

Sie hören die richtige Antwort: Sie sind in der Oper gewesen.

Sie wiederholen: Sie sind in der Oper gewesen.

die Autobiografie
der Chor
die Dramatikerin
der Kriminalroman
das Musical
die Oper
die Poesie
das Stillleben

Lab Manual

STRUKTUREN

5.1 Modals

1 **Keine Zeit!** Robert und seine Freunde wollten heute Abend ins Konzert gehen, aber seine Freunde haben ihre Pläne geändert. Hören Sie sich ihre Nachrichten auf Roberts Anrufbeantworter an. Ordnen Sie die neuen Pläne den richtigen Personen zu.

_____ 1. Tanja   a. muss sich um die Schwester kümmern.

_____ 2. Wolfgang   b. will ins Orgelkonzert gehen.

_____ 3. Willy   c. soll bei der Probe im Theater sein.

_____ 4. Francesca   d. muss im Krankenhaus bleiben.

_____ 5. Wendy   e. muss Geige üben (*practice*).

2 **Was müssen/sollen/können sie?** Hören Sie sich die Aussagen an und sagen Sie jeden Satz noch einmal mit dem angegebenen Modalverb.

> **Beispiel**
>
> *Sie hören:* Johanna schreibt einen erfolgreichen Roman.
> *Sie sehen:* wollen
> *Sie sagen:* Johanna will einen erfolgreichen Roman schreiben.

1. müssen   4. können
2. sollen   5. wollen
3. können   6. können

3 **Ja, das wollte ich...** Sehen Sie sich die Fotos unten an und beantworten Sie die Fragen mit den angegebenen Ausdrücken. Wiederholen Sie die richtige Antwort.

> **Beispiel**
>
> *Sie hören:* Was wollte Wilfried heute machen?
> *Sie sagen:* Wilfried wollte ins Kunstmuseum gehen.
> *Sie hören:* Was musste Wilfried heute machen?
> *Sie sagen:* Wilfried musste zur Zahnärztin gehen.

ins Kunstmuseum gehen / zur Zahnärztin gehen

1. Gedichte lesen / im Laden arbeiten

2. ihr Selbstporträt malen / mit ihrer Mutter telefonieren

3. ihren Roman beginnen / zum Friseur gehen

4. Landschaften skizzieren / mit ihrem Freund einkaufen gehen

5.2 Comparatives and superlatives

1 **Im Museum für Kunstgeschichte** Hören Sie zu, was Lisa über ihren Museumsbesuch erzählt. Dann wählen Sie die Aussage, die Lisas Meinung am besten wiedergibt.

1. a. Lisa findet das Museum für Gegenwartskunst besser als das Museum für Kunstgeschichte.
   b. Lisa findet das Museum für Kunstgeschichte besser als das Museum für Gegenwartskunst.
2. a. Lisa meint, dass moderne Kunst relevanter als alte Kunst ist.
   b. Lisa meint, dass die Kunst des Mittelalters relevanter als moderne Kunst ist.
3. a. Lisa meint, dass ältere Kunst interessanter als moderne Kunst ist.
   b. Lisa meint, dass moderne Kunst interessanter als ältere Kunst ist.
4. a. In der Abteilung für Kunst der alten Griechen sieht man weniger Skulpturen als Gemälde.
   b. In der Abteilung für Kunst der alten Griechen sieht man mehr Skulpturen als Gemälde.
5. a. Lisa fühlt sich glücklich, wenn sie ältere Kunst betrachtet.
   b. Lisa fühlt sich traurig, wenn sie ältere Kunst betrachtet.
6. a. Lisa findet Hieronymus Bosch komischer als andere Künstler seiner Zeit.
   b. Lisa findet Hieronymus Bosch ernster als andere Künstler seiner Zeit.

2 **Ja, das ist am interessantesten!** Hören Sie sich Bens Fragen an und bejahen Sie sie im Superlativ. Wiederholen Sie die richtige Antwort.

> **Beispiel**
>
> *Sie hören:* Ist das Theaterstück tragisch?
> *Sie sagen:* Ja, es ist am tragischsten.

3 **Menschen vergleichen** Sehen Sie sich jedes Bildpaar an und beantworten Sie die Fragen, die Sie hören. Sie hören dann die richtige Antwort. Wiederholen Sie sie noch einmal.

> **Beispiel**
>
> *Sie hören:* Ist Markus schicker als Max?
> *Sie sagen:* Nein, Max ist schicker als Markus.
> *Sie hören die richtige Antwort:* Nein, Max ist schicker als Markus.
> *Sie wiederholen:* Nein, Max ist schicker als Markus.

 Max   Markus

1.  Michael    Mario   2.  Frauke    Hermann und Sabina

3.  Allison    Anja   4.  Günter    Thomas

Lab Manual

5.3 *Da-* and *wo-*compounds; prepositional verb phrases

1 **Aussagen verkürzen** Hören Sie sich jede Aussage an. Dann lesen Sie die Sätze und wählen Sie das Wort, das jeden Satz am besten ergänzt.

1. Samantha arbeitet (daran / darauf).
2. Hans fürchtet sich (dafür / davor).
3. Andreas denkt (damit / daran).
4. Lisette dankt dem Publikum (dafür / darüber).
5. Die Sänger beschweren sich (darüber / davon).
6. Johann strebt (daraus / danach).

2 **Fragen und Antworten** Sie hören sechs Fragen. Beantworten Sie jede Frage mit einem **da**- Kompositum. Sie hören dann die richtige Antwort. Wiederholen Sie sie.

Beispiel

Sie hören: Hat sich Manuel über die Öffnungszeiten informiert?
Sie sehen: ja
Sie sagen: Ja, er hat sich darüber informiert.

1. ja
2. nein
3. ja
4. nein
5. ja
6. nein

3 **Fragen schreiben** Leila telefoniert mit ihrem Freund Matthias. Sie hören nur was Leila sagt. Schreiben Sie die Fragen auf, die Matthias ihr gestellt hat. Wiederholen Sie dann die richtigen Antworten.

Beispiel

Sie hören: Ich habe mich für einen Abend im Theater entschieden.
Sie sagen: Wofür hast du dich entschieden?
Sie hören die richtige Antwort: Wofür hast du dich entschieden?
Sie wiederholen: Wofür hast du dich entschieden?

4 **Jürgen ist Schriftsteller** Jürgen will seine Erzählungen veröffentlichen. Er zweifelt aber an seiner Kunst. Hören Sie sich die Sätze an und ersetzen Sie das Objekt durch das richtige **da**-Kompositum. Wiederholen Sie anschließend die richtige Antwort.

Beispiel

Sie hören: Jürgen denkt an die Novelle, die er geschrieben hat.
Sie sagen: Jürgen denkt daran.

WORTSCHATZ

Jetzt hören Sie den Wortschatz am Ende der Lektion. Hören Sie zu und wiederholen Sie.

ZU BEGINN

Lektion 6

1 **Definitionen** Hören Sie sich die Definitionen an und markieren Sie, welches Wort beschrieben wird.

1. _____   5. _____   a. die Reservierung   e. frittiert

2. _____   6. _____   b. die Folklore   f. der Weihnachtsmann

3. _____   7. _____   c. der Schluck   g. fade

4. _____   8. _____   d. der Schnellimbiss   h. durchgebraten

2 **Bayerische Pizza** Hören Sie sich den Koch an. Er beschreibt sein Rezept für eine bayerische Pizza. Markieren Sie, ob die Aussagen **richtig** oder **falsch** sind.

Richtig   Falsch

○   ○   1. Das Fladenbrot backt man wie in Italien.

○   ○   2. Das Fladenbrot backt man mit Bier, nicht mit Wasser.

○   ○   3. Für die bayerische Pizza ist sehr viel Salz notwendig.

○   ○   4. Den Teig soll man mindestens eine Stunde gehen lassen.

○   ○   5. Den Ofen soll man auf 600 Grad vorheizen.

○   ○   6. Man braucht viel Käse.

○   ○   7. Sauerkraut und Kümmel sind auf der Pizza.

○   ○   8. Weißwurst und Leberkäse kommen darauf.

○   ○   9. Die Pizza muss eine halbe Stunde backen.

○   ○   10. Man kann gefrorene bayerische Pizza kaufen.

3 **Essen auf Bildern** Sehen Sie sich die Bilder an und beantworten Sie die Fragen mit den Wörtern aus der Liste.

Beispiel

Sie hören: Wie schmecken die Backwaren von Frau Staufen?

Sie sagen: Sie schmecken süß.

bestellen   blutig   braten   Gulasch   pikant

1.

2.

3.

4.   5.

Lab Manual

STRUKTUREN

6.1 Reflexive verbs and accusative reflexive pronouns

1 **Die deutsche Einheit** Hören Sie sich jede Aussage an und markieren Sie, ob das Verb reflexiv oder nicht reflexiv ist. Schreiben Sie dann die Infinitivform jedes Verbs auf.

	Reflexiv	Nicht reflexiv	
1.	○	○	_____
2.	○	○	_____
3.	○	○	_____
4.	○	○	_____
5.	○	○	_____
6.	○	○	_____

2 **Die schöne Weihnachtszeit** Hören Sie sich die Aussagen an und sagen Sie jeden Satz noch einmal mit dem angegebenen Subjekt. Achten Sie dabei auf die richtige Verbform.

> **Beispiel**
>
> *Sie hören:* Jedes Jahr freue ich mich auf den Weihnachtsmarkt.
> *Sie sehen:* wir
> *Sie sagen:* Jedes Jahr freuen wir uns auf den Weihnachtsmarkt.

1. ihr
2. Peter
3. du
4. Kathrin
5. meine Eltern
6. wir
7. Geschwister und Eltern
8. ich

3 **Wir sehen uns auf dem Volksfest** Sie besuchen mit zwei Freunden den Augsburger Plärrer, ein großes Volksfest in Bayerisch-Schwaben. Ihre Freunde schlagen vor, was Sie machen sollen und verwenden dabei Reflexivverben. Beantworten Sie die Fragen mit den Reflexivpronomen in der richtigen Person.

> **Beispiel**
>
> *Sie hören:* Das Fest findet morgen statt. Erinnerst du dich?
> *Sie sagen:* Ja. Ich erinnere mich.

Lab Manual

6.2 Reflexive verbs and dative reflexive pronouns

1 **Akkusativ oder Dativ?** Hören Sie sich jede Aussage an und markieren Sie, ob das Pronomen, das Sie hören, im **Akkusativ** oder **Dativ** steht.

	Akkusativ	Dativ
1.	○	○
2.	○	○
3.	○	○
4.	○	○
5.	○	○
6.	○	○

2 **Das ist nicht wahr!** Sehen Sie sich die Bilder an und korrigieren Sie die Aussagen, die Sie hören.

> **Beispiel**
>
> *Sie hören:* Peter, Christa und Stanislas waschen sich das Gesicht.
> *Sie sagen:* Nein, sie überlegen sich, was sie jetzt machen sollen.

sich überlegen / jetzt machen sollen

1.   eine Crêpe bestellen

2.   eine Fernsehsendung anschauen

3.   einen Apfelstrudel machen

3 **Wenn schon, denn schon** Hören Sie sich jede Frage an und beantworten Sie sie mit den Angaben unten. Dann hören Sie zu und wiederholen Sie die richtige Antwort.

> **Beispiel**
>
> *Sie hören:* Was machen Sie, wenn Sie etwas falsch machen?
> *Sie sehen:* sich sagen / besser machen
> *Sie sagen:* Ich sage mir, dass ich das besser machen muss.

1. einen Pulli / sich anziehen
2. etwas / sich wünschen
3. es / sich kaufen
4. Geld / sich leihen
5. die Hände / sich waschen
6. es / sich anhören

Lab Manual

6.3 Numbers, time, and quantities

1 **Bringen wir etwas mit?** Amin und Jessica gehen auf eine Party. Hören Sie sich diese Gespräche an und markieren Sie die richtige Aussage.

1. a. Die Party ist am 21. Oktober.
   b. Die Party ist am 31. Oktober.

2. a. Sie können zu dritt fahren.
   b. Sie können nur zu zweit fahren.

3. a. Die Party beginnt um 20 Uhr.
   b. Die Party beginnt um 2 Uhr.

4. a. Jessica arbeitet bis 19 Uhr.
   b. Jessica schläft bis 9 Uhr.

5. a. Jessica braucht eine Stunde, um sich fertig zu machen und zu Erika zu fahren.
   b. Jessica braucht zwei Stunden, um sich fertig zu machen und zu Erika zu fahren.

6. a. Jessica bringt 5 Liter Sprudel mit.
   b. Jessica bringt 5 Flaschen Sprudel mit.

7. a. Sie brauchen 5 Liter Champignons.
   b. Sie brauchen 1 Kilo Champignons

8. a. Jessica hat 25 Euro auf dem Konto.
   b. Jessica hat 425 Euro auf dem Konto.

2 **Vorbereitung auf Silvester** Sie helfen Matthias, eine Silvesterfeier zu organisieren. Beantworten Sie seine Fragen mit den angegebenen Zeit- oder Mengenausdrücken. Dann hören Sie zu und wiederholen Sie die richtige Antwort.

> **Beispiel**
> *Sie hören:* Um wie viel Uhr beginnt die Party?
> *Sie sehen:* 19 Uhr 30
> *Sie sagen:* Die Party beginnt um neunzehn Uhr dreißig.

1. 25
2. 11 Flaschen
3. 30 Euro / Flasche
4. 1 Liter
5. 500 Gramm
6. 20 Uhr

3 **Überraschungsparty!** Paul und Nadia bereiten eine Überraschungsparty für ihre Freundin Marta vor. Vervollständigen Sie die Sätze mit den angegebenen Mengenangaben. Dann hören Sie zu und wiederholen Sie die richtige Antwort.

> **Beispiel**
> *Sie hören:* Wir brauchen Wasser.
> *Sie sehen:* eine Flasche
> *Sie sagen:* Wir brauchen eine Flasche Wasser.

> 2 Kilo
> 3 Liter
> 9 Tassen
> 12 Stück

WORTSCHATZ

Jetzt hören Sie den Wortschatz am Ende der Lektion. Hören Sie zu und wiederholen Sie.

Lab Manual

Lektion 7

1 **Rechner, Medizin oder Wissenschaft** Hören Sie sich diese kurzen Gespräche an und markieren Sie, ob es in einem Gespräch um Rechner, Medizin oder wissenschaftliche Forschung geht.

	Rechner	Medizin	Wissenschaftliche Forschung
1.	○	○	○
2.	○	○	○
3.	○	○	○
4.	○	○	○
5.	○	○	○

2 **Fragen beantworten** Hören Sie sich die Gespräche noch einmal an und geben Sie eine Antwort auf die Frage, die Sie hören.

_____ 1. a. ein Stern
         b. ein Planet
         c. ein Gen

_____ 2. a. David hat ihre Arbeit kritisiert.
         b. Sie meint, der Code ist nicht gut genug.
         c. Manuel hat ihre Arbeit kritisiert.

_____ 3. a. Sie sucht ein E-Book.
         b. Sie sucht ihren Rechner.
         c. Sie sucht ihren USB-Stick.

_____ 4. a. Kinder soll man nicht impfen.
         b. Man muss Kinder jede Woche impfen.
         c. Man muss Kinder jedes Jahr impfen.

_____ 5. a. Biologie
         b. Astronomie
         c. Physik

3 **Wer bin ich?** Hören Sie zu, während diese Menschen beschreiben, was sie machen und bestimmen Sie ihren Beruf. Dann wiederholen Sie die richtige Antwort.

Beispiel

Sie hören: Ich erforsche Planeten, Sterne und andere Objekte mit einem Teleskop.

Sie sagen: Sie ist Astronomin.

Astronaut(in)	Informatiker(in)
Astronom(in)	Mathematiker(in)
Biologe/Biologin	Physiker(in)
Geologe/Geologin	Zoologe/Zoologin

Lab Manual

7.1 Passive voice and alternatives

1 **Der Prüfstand** Hören Sie sich jeden Satz an und markieren Sie, ob er ein Aktiv- oder Passivsatz ist.

	Aktiv	Passiv
1.	○	○
2.	○	○
3.	○	○
4.	○	○
5.	○	○
6.	○	○
7.	○	○
8.	○	○

2 **Wir forschen zusammen** Für nur ein Forschungsziel sind manchmal viele Mitarbeiter notwendig. Sie hören nun, wer im Labor (*lab*) was macht. Hören Sie sich jeden Satz an und formen Sie ihn um in eine passive Aussage. Wiederholen Sie anschließend die richtige Antwort.

> **Beispiel**
>
> *Sie hören:* Der Forscher lädt Dateien herunter.
> *Sie sagen:* Dateien werden vom Forscher heruntergeladen.

3 **Leben auf dem Mars!** Hören Sie sich diesen Radiobericht an und formen Sie jeden Satz um in eine neue Aussage mit der angegebenen Alternative zum Passiv. Wiederholen Sie anschließend die richtige Antwort.

> **Beispiel**
>
> *Sie hören:* Heute Morgen wurde endlich intelligentes Leben auf dem Mars entdeckt.
> *Sie sehen:* man
> *Sie sagen:* Heute Morgen hat man endlich intelligentes Leben auf dem Mars entdeckt.

1. man
2. sein + Adjektiv + Infinitiv
3. sich + Verb
4. sich lassen + Infinitiv
5. sein + Adjektiv + Infinitiv
6. sich + Verb
7. man
8. sich lassen + Infinitiv

Lab Manual

7.2 Imperative

1 **Formell und informell** Hören Sie sich jeden Satz an und markieren Sie, ob es sich um einen formellen Imperativ, einen informellen Imperativ oder überhaupt keinen Imperativ handelt.

	1	2	3	4	5	6	7	8	9	10
Formell										
Informell										
Kein Imperativ										

2 **Welcher Befehl ergibt Sinn?** Sie hören unvollständige Gespräche. Hören Sie zu und wählen Sie den Imperativ, der das Gespräch sinnvoll ergänzt.

_____ 1. a. Schreiben Sie den Code noch einmal.
            b. Lassen Sie den Fehler im Code.

_____ 2. a. Lassen wir die Kinder morgen früh impfen.
            b. Lassen wir die Kinder krank werden.

_____ 3. a. Beachte die E-Mails nicht.
            b. Aktualisieren wir den Spam-Filter.

_____ 4. a. Schließen Sie den kabellosen Router an.
            b. Schenken Sie mir Ihren Rechner.

_____ 5. a. Ihr müsst Mathematik studieren.
            b. Begrüßt ihn, wenn ihr ihn seht.

_____ 6. a. Schreib zwei Forschungsberichte bis morgen.
            b. Sprich mit dem Chef darüber.

3 **Vorschlag als Imperativ** Hören Sie sich jeden Vorschlag an und machen Sie einen Imperativ daraus. Dann wiederholen Sie die richtige Antwort.

> **Beispiel**
>
> *Sie hören:* Herr Müller muss die Stammzellen klonen.
> *Sie sagen:* Klonen Sie die Stammzellen.

4 **Beratung über Rechner** Ihre Oma hat einen neuen Computer gekauft. Sie weiß aber noch nichts über Rechner und sie braucht Hilfe. Hören Sie sich jede Frage an und beantworten Sie die Fragen mit den angegebenen Wörtern. Dann wiederholen Sie die richtige Antwort.

> **Beispiel**
>
> *Sie hören:* Wie schaltet man den Rechner an?
> *Sie sehen:* drücken / die Taste (*button*)
> *Sie sagen:* Drück die Taste.

1. herunterladen / das Attachment
2. klicken / auf das Icon
3. nicht lesen / diese E-Mail
4. ziehen / zum Papierkorbsymbol
5. wählen / aus der Symbolliste
6. besuchen / eine Radiowebsite

Lab Manual

7.3 Adverbs

1 **Zufrieden mit der Arbeit** Tina ist sehr zufrieden mit ihrer Arbeitsstelle. Hören Sie sich jede Aussage an und schreiben Sie das Adverb auf, das Sie hören. Dann markieren Sie, ob es ein Adverb der Zeit, Art und Weise oder des Ortes ist.

	Zeit	Art und Weise	Ort
1. _____	○	○	○
2. _____	○	○	○
3. _____	○	○	○
4. _____	○	○	○
5. _____	○	○	○
6. _____	○	○	○
7. _____	○	○	○
8. _____	○	○	○

2 **Ein Besuch in Freiburg** Sarah macht Urlaub in Freiburg im Breisgau. Sie ruft ihren Freund Amin an. Sie erzählt ihm von ihrem Besuch in der Stadt. Hören Sie sich ihre Aussagen an und bilden Sie einen neuen Satz mit dem angegebenen Adverb. Dann wiederholen Sie die richtige Antwort.

> **Beispiel**
> *Sie hören:* Ich bin in Freiburg.
> *Sie sagen:* Ich bin schon in Freiburg.

> dort   gestern   jetzt   leider   morgen

3 **Ein neuer Wissenschaftler** Beantworten Sie jede Frage mit der angegebenen Adverbialphrase. Dann wiederholen Sie die richtige Antwort.

> **Beispiel**
> *Sie hören:* Woher kommt der neue Physiker?
> *Sie sehen:* aus der Schweiz
> *Sie sagen:* Er kommt aus der Schweiz.

1. äußerst interessante Aufsätze
2. über Relativitätstheorie
3. vorgestern
4. im Patentamt
5. natürlich
6. gern

WORTSCHATZ

Jetzt hören Sie den Wortschatz am Ende der Lektion. Hören Sie zu und wiederholen Sie.

Lab Manual (left margin)

ZU BEGINN

Lektion 8

1 **Was wir machen können** Jana und Azra besprechen, wie sie die Umwelt schützen. Hören Sie sich das Gespräch an. Markieren Sie die Wörter, die Sie hören, mit X.

_____ die Angst   _____ friedlich   _____ recyceln

_____ gerecht   _____ illegal   _____ die Ökologie

_____ das Gewissen   _____ der/die Kriminelle   _____ wiederverwertbar

_____ das Gift   _____ die Meinung   _____ zerstören

2 **Richtig oder falsch?** Hören Sie noch einmal zu und markieren Sie, ob die folgenden Aussagen **richtig** oder **falsch** sind.

Richtig   **Falsch**

○   ○   1. Es geht Azra sehr gut.

○   ○   2. Azra hat nichts Illegales gemacht.

○   ○   3. Azra hat Batterien nicht recycelt.

○   ○   4. Jana meint, dass Azra eine Kriminelle ist.

○   ○   5. Wenn man Batterien nicht recycelt, macht das nichts.

○   ○   6. Batterien können Trinkwasser vergiften.

○   ○   7. Azra meint, dass jeder recyceln muss.

○   ○   8. Jana meint, dass Azra sich schuldig fühlen soll.

3 **Katastrophe oder Ökoterrorismus?** Hören Sie sich diese Radiosendung an und beantworten Sie dann die Fragen in vollständigen Sätzen.

1. Warum ist das Wasser gefährlich für die Gegend?

_____

2. Wozu gehört das Reservoir?

_____

3. Was machen die Ingenieure und Geologen?

_____

4. Ist schon jemand wegen der Katastrophe gestorben? Kann das passieren?

_____

5. Wer hat die Katastrophe vielleicht verursacht (*caused*)?

_____

6. Wer behauptet das?

_____

Lab Manual

STRUKTUREN

8.1 *Der Konjunktiv II* and *würde* with the infinitive

1 **Die Umweltschützerin** Hören Sie sich die Argumente von Kayla, einer Umweltschützerin, an. Dann ergänzen Sie die Sätze mit der richtigen Form im Konjunktiv.

> **Beispiel**
>
> *Sie hören:* Man schützt die Bodenschätze nicht.
> *Sie sehen:* Wenn man nur die Bodenschätze _____ _____!
> *Sie schreiben:* **Wenn man nur die Bodenschätze** <u>schützen</u> <u>würde</u>!

1. Wenn wir uns doch mehr der Erhaltung unserer Erde _____ _____!

2. Es _____ mich _____, hier zu sein, _____ die Lage (*situation*) nicht so verhängnisvoll.

3. Wenn doch neue Vorschriften die Klimaerwärmung _____ _____.

4. Ihr _____ _____, die Lage zu ändern, wenn ihr nicht aus Plastikflaschen _____ _____.

5. Wenn sich doch die meisten Leute für den Naturschutz _____ _____!

6. Die Menschheit _____ sich einen Gefallen _____, die Ressourcen der Erde nicht zu verschwenden (*to waste*).

7. Wenn unser Trinkwasser doch nicht in vielen Teilen der Erde vergiftet _____!

8. Wenn doch jeder einen Beitrag für das Gemeinwohl (*common good*) _____ _____!

2 **Weiterkämpfen!** Melissa ist Naturschützerin im Regenwald. Hören Sie sich jede Indikativaussage an. Dann bilden Sie daraus Sätze im **Konjunktiv II**. Wiederholen Sie anschließend die richtige Antwort.

> **Beispiel**
>
> *Sie hören:* Wenn wir Ökologie studieren, lernen wir etwas über die Umwelt.
> *Sie sagen:* Wenn wir Ökologie studierten, würden wir etwas über die Umwelt lernen.

3 **Wie würden Sie reagieren?** Hören Sie zu und beantworten Sie die folgenden Fragen in vollständigen Konjunktivsätzen.

1. _____
2. _____
3. _____
4. _____
5. _____
6. _____
7. _____
8. _____

Lab Manual

8.2 *Der Konjunktiv II* of modals

1 **Wir wollen überzeugen** Hören Sie sich jede Aussage an und markieren Sie, ob die Modalverben im **Indikativ** oder im **Konjunktiv II** stehen.

	Indikativ	Konjunktiv II
1.	○	○
2.	○	○
3.	○	○
4.	○	○
5.	○	○
6.	○	○
7.	○	○
8.	○	○
9.	○	○
10.	○	○

2 **Helena muss noch lernen** Hören Sie zu und formulieren Sie die Sätze neu indem Sie die richtigen Konjunktivformen der Modalverben benutzen. Dann wiederholen Sie die richtige Antwort.

> **Beispiel**
>
> *Sie hören:* Helena will die Umwelt retten.
> *Sie sagen:* Helena wollte die Umwelt retten.

3 **Ich bin überzeugt!** Sie sind auf einer Umweltdemonstration. Eine Referentin erzählt von der Arbeit ihrer Hilfsorganisation für die Umwelt. Erzählen Sie Ihren Bekannten, was sie auch machen sollten, könnten, möchten, wollten, dürften oder müssten, um die Umwelt zu retten. Wiederholen Sie anschließend die richtige Antwort.

> **Beispiel**
>
> *Sie hören:* Sie kämpfen gegen die Klimaerwärmung.
> *Sie sehen:* wir / sollen
> *Sie sagen:* Wir sollten auch gegen die Klimaerwärmung kämpfen.

1. wir / sollen
2. wir / können
3. ich / wollen
4. ihr / müssen
5. wir / dürfen
6. wir / mögen

Lab Manual

8.3 Demonstratives

1 **Keine Terroristen** Hören Sie zu, während Cenk und Ebru sich unterhalten. Bestimmen Sie, ob das Demonstrativpronomen im Satz als Pronomen oder als Adjektiv dient.

Pronomen	Adjektiv

2 **Auf einer Demo** Markus und seine Freundin Bettina sind auf einer Demonstration für Menschenrechte und Umwelt. Hören Sie sich die Aussagen von Markus an und wählen Sie die Demonstrativpronomen, die Bettinas Antworten richtig ergänzen.

1. Mit (der/dem/denen) möchte ich diskutieren.
2. Mit (dessen/denen/dem) sollten wir arbeiten.
3. Und (denen/deren/dessen) Schwester war auch dabei.
4. (Deren/Dessen/Den) Aussterben ist ein Verbrechen.
5. (Die/Der/Das) kann uns sagen, was wir machen sollen, um die Tiere zu retten.

3 **Solche Ideen!** Hören Sie sich jeden Satz an und ersetzen Sie den angegebenen Satzteil mit der richtigen Form des angegebenen Demonstrativums. Dann wiederholen Sie die richtige Antwort.

> **Beispiel**
>
> *Sie hören:* Ich mag die friedlichen Landschaften.
> *Sie sehen:* solch-
> *Sie sagen:* Ich mag solche friedlichen Landschaften.

1. dies-
2. jen-
3. dies-
4. dieselb-
5. solch-
6. dies-

WORTSCHATZ

Jetzt hören Sie den Wortschatz am Ende der Lektion. Hören Sie zu und wiederholen Sie.

Lab Manual

Lektion 9

1 **Definitionen** Hören Sie sich diese Definitionen an und markieren Sie das beschriebene Wort.

1. _____   5. _____

2. _____   6. _____

3. _____   7. _____

4. _____   8. _____

a. der Urlaubstag   e. das Arbeitsamt

b. die Schulden   f. sich bewerben

c. die Ausbildung   g. die Teilzeitarbeit

d. die Personalmanagerin   h. der Kollege

2 **Ein Vorstellungsgespräch** Maryam Fanara sucht sich eine neue Stelle. Hören Sie dem Vorstellungsgespräch zu und geben Sie die richtige Antwort auf jede Frage, die Sie hören.

1. a. Ingenieurin
   b. Statistikerin
   c. Buchhalterin
2. a. Sie hat einen Doktorabschluss.
   b. Sie hat einen Bachelorabschluss.
   c. Sie hat einen Magisterabschluss.
3. a. Maryam hat in München und in Weiden studiert.
   b. Maryam hat in München und in Bamberg studiert.
   c. Maryam hat in Weiden und in Bamberg studiert.

4. a. Die Stelle bei Medizinsysteme GmbH ist Teilzeitarbeit.
   b. Die Stelle bei Medizinsysteme GmbH ist nur kurzfristig.
   c. Die Stelle bei Medizinsysteme GmbH bringt wenig Geld ein.
5. a. Sie muss nach Weiden umziehen.
   b. Sie muss nach Bamberg umziehen.
   c. Sie muss nach München umziehen.
6. a. Ja, sehr viele Überstunden.
   b. Nein, gar keine Überstunden.
   c. Ja, aber nicht viele.

3 **Was passiert hier?** Sehen Sie sich diese Bilder an und beantworten Sie die Fragen mit den Wörtern aus der Liste. Dann hören Sie zu und wiederholen Sie die richtige Antwort.

Beispiel

Sie hören: Organisieren die Arbeiter einen Streik oder machen sie Überstunden?

Sie sagen: Die Arbeiter organisieren einen Streik.

1.

2.

3.

4.

5.

6.

STRUKTUREN

9.1 *Der Konjunktiv II der Vergangenheit*

1   **Wir hätten es besser gehabt, wenn...** Franzi und Christian denken über ihre Wohnsituation nach. Hören Sie sich jeden Satzanfang an und wählen Sie die Aussage, die den Satz mit dem **Konjunktiv II der Vergangenheit** am besten ergänzt.

1. a. ...könnten wir eine Hypothek aufnehmen.
   b. ...hätten wir eine Hypothek aufgenommen.
   c. ...haben wir eine Hypothek aufgenommen.
2. a. ...wären wir in eine größere Wohnung gezogen.
   b. ...haben wir eine größere Wohnung gefunden.
   c. ...könnten wir in eine größere Wohnung ziehen.
3. a. ...hätten wir ein Auto gekauft.
   b. ...könnten wir ein Auto kaufen.
   c. ...haben wir ein Auto gekauft.
4. a. ...waren wir in einen Vorort umgezogen.
   b. ...würden wir in einen Vorort umziehen.
   c. ...wären wir in einen Vorort umgezogen.
5. a. ...hätte Franzi ihre Arbeitsstelle bei Aldi gekündigt.
   b. ...hat Franzi ihre Arbeitsstelle bei Aldi gekündigt.
   c. ...müsste Franzi ihre Arbeitstelle bei Aldi kündigen.
6. a. ...hätten wir zu viele Schulden gemacht.
   b. ...haben wir zu viele Schulden gemacht.
   c. ...hätten wir zu viele Schulden machen.
7. a. ...hatte er einen richtigen Abschluss gemacht.
   b. ...hätte er einen richtigen Abschluss gemacht.
   c. ...hat er einen richtigen Abschluss gemacht.
8. a. ...würden wir längst bessere Stellen finden.
   b. ...haben wir längst bessere Stellen gefunden.
   c. ...hätten wir längst bessere Stellen gefunden.

2   **Nimm bloß keine Schulden auf** Hören Sie sich jede Präsensaussage im **Konjunktiv II** an und übertragen Sie sie in den **Konjunktiv II der Vergangenheit**. Wiederholen Sie anschließend die richtige Antwort.

> **Beispiel**
>
> *Sie hören:* Wenn ich mir Geld liehe, hätte ich Schulden.
> *Sie sagen:* Wenn ich mir Geld geliehen hätte, hätte ich Schulden gehabt.

3   **Schlechte Entscheidungen** Heute hatte Nico bei der Arbeit ein paar Probleme. Hören Sie ihm zu und sagen Sie ihm, was Sie besser gemacht hätten.

> **Beispiel**
>
> *Sie hören:* Ich bin spät aufgestanden.   1. 8 Uhr   4. bitten um
> *Sie sehen:* pünktlich   2. nicht   5. nicht
> *Sie sagen:* Ich wäre pünktlich aufgestanden.   3. nach der Arbeit 6. kein

9.2 Plurals and compound nouns

1 **Pluralformen** Nennen Sie die Pluralform jedes Substantivs, das Sie hören. Wiederholen Sie anschließend die richtige Antwort.

> *Beispiel*
>
> *Sie hören:* die Stelle
> *Sie sagen:* die Stellen

2 **Rezession** Sehen Sie sich die Bilder an und beantworten Sie die Fragen, die Sie hören, indem Sie die Pluralformen der Wörter verwenden. Wiederholen Sie anschließend die richtige Antwort.

> *Beispiel*
>
> *Sie hören:* Wer organisiert den Streik?
> *Sie sagen:* Die Arbeiter organisieren den Streik.

der Arbeiter

1. die Inhaberin

2. die Kollegin

3. der Berater

4. der Chef

5. die Sekretärin

6. der Buchhalter

3 **Noch besser!** Sie haben eine neue Arbeitsstelle gefunden, an der alles wunderbar ist. Ihre Freunde können es nicht glauben und stellen viele Fragen zu der neuen Stelle. Beantworten Sie ihre Fragen mit den angegebenen Wörtern und wiederholen Sie anschließend die richtige Antwort.

> *Beispiel*
>
> *Sie hören:* Arbeitet ein Buchhalter in deinem Büro?
> *Sie sehen:* zwei
> *Sie sagen:* Zwei Buchhalter arbeiten in meinem Büro!

1. viele   2. einige   3. zwei   4. alle   5. viele   6. drei

4 **Bei uns ist das auch so** Tanja spricht mit ihren Freundinnen Sarah und Leila und beschreibt ihre Arbeit. Alles, was sie über ihre Stelle erzählt, trifft auch auf Sarahs und Leilas Stellen zu. Geben Sie Sarahs und Leilas Antwort auf Tanjas Sätze mit den Pluralformen der verwendeten Substantive. Dann wiederholen Sie die richtige Antwort.

> *Beispiel*
>
> *Sie hören:* Ich habe eine Vollzeitstelle.
> *Sie sagen:* Wir haben auch Vollzeitstellen.

Lab Manual

9.3 Two-part conjunctions

1 **Wirtschaftskrise!** Hören Sie sich die Fragen an und antworten Sie mit der angegebenen Information und der Doppelkonjunktion.

> **Beispiel**
>
> *Sie hören:* Wie können die Arbeiter mehr verdienen?
> *Sie sehen:* einen Streik organisieren (nur wenn)
> *Sie sagen:* Nur wenn die Arbeiter einen Streik organisieren, können sie besser verdienen.

1. es eine starke Rezession geben (nur wenn)
2. eine Firma in Konkurs gehen (angenommen, dass)
3. ein Bedarf an deutschen Produkten bestehen (vorausgesetzt, dass)
4. die Wirtschaft in Ordnung sein (als ob)
5. Produkte exportiert werden (nur wenn)
6. aktiv werden (anstatt dass)

2 **Entlassungen** Wird die Firma Milleniumcorp Angestellte entlassen müssen? Hören Sie sich jeden Satzanfang an und wählen Sie das richtige Ende.

1. a. noch die Gewerkschaft möchte Angestellte entlassen.
   b. oder die Gewerkschaft möchte Angestellte entlassen.
2. a. oder Angestellte müssen entlassen werden.
   b. noch Angestellte müssen entlassen werden.
3. a. andererseits die Gewerkschaft muss etwas abgeben.
   b. sondern auch die Gewerkschaft muss etwas abgeben.
4. a. noch mit der Rezession zu tun.
   b. teils mit der Rezession zu tun.
5. a. als auch Steuern bezahlen.
   b. wie noch Steuern bezahlen.
6. a. desto schwerer ist es, die Angestellten zu bezahlen.
   b. als auch schwerer es ist, die Angestellten zu bezahlen.

3 **Wer das Geld hat...** Hören Sie sich jedes Satzpaar an und bilden Sie daraus einen einzigen Satz, indem Sie die angegebene zweiteilige Konjunktion verwenden. Wiederholen Sie anschließend die richtige Antwort.

> **Beispiel**
>
> *Sie hören:* Die Geschäftsführerin ist sehr erfolgreich. Ihre Kollegen sind sehr erfolgreich.
> *Sie sehen:* sowohl... als auch
> *Sie sagen:* Sowohl die Geschäftsführerin als auch ihre Kollegen sind sehr erfolgreich.

1. mal... mal
2. zwar... aber
3. je mehr... desto
4. weder... noch
5. entweder... oder
6. nicht nur... sondern auch

WORTSCHATZ

Jetzt hören Sie den Wortschatz am Ende der Lektion. Hören Sie zu und wiederholen Sie.

1 **Volk und Staat** Hören Sie sich diese kurzen Gespräche an und markieren Sie, ob das Thema des Gesprächs Politik, Geschichte oder nationale Identität ist.

	Politik	Geschichte	nationale Identität
1.	○	○	○
2.	○	○	○
3.	○	○	○
4.	○	○	○
5.	○	○	○

2 **Fragen beantworten** Hören Sie sich die Gespräche noch einmal an und beantworten Sie die Frage, die Sie hören.

_____ 1. a. Bayern
b. Berlin
c. Schleswig-Holstein

_____ 2. a. Knechtschaft (*servitude*), Liebe und Freiheit
b. Kohle, Blut und Freiheit
c. Knechtschaft, Blut und Freiheit

_____ 3. a. Vor dem russischen Parlament.
b. Vor dem britischen Parlament.
c. Vor dem türkischen Parlament.

_____ 4. a. die Sozialdemokraten
b. die Linke
c. die Liberalen

_____ 5. a. Bonn
b. Berlin
c. Ostberlin

3 **Eine Rede über Integration** Hören Sie sich diese politische Rede an, dann beantworten Sie die Fragen, die Sie hören, in vollständigen Sätzen.

1. _____
_____

2. _____
_____

3. _____
_____

4. _____
_____

5. _____
_____

Lab Manual

STRUKTUREN

10.1 *Das Plusquamperfekt*

1 **Der Wahlkampf** Hören Sie sich jeden Satz im Pefekt an und geben Sie ihn im **Plusquamperfekt** wieder. Wiederholen Sie anschließend die richtige Antwort.

> **Beispiel**
>
> *Sie hören:* Die Sozialdemokraten haben ihren Wahlsieg gefeiert.
> *Sie sagen:* Die Sozialdemokraten hatten ihren Wahlsieg gefeiert.

2 **Die Bürger siegen** Sie hören, was das siegreiche Heer machte, nachdem es ins Land eingefallen war. Berichten Sie, was schon passiert war, bevor das Heer ins Land gekommen ist.

> **Beispiel**
>
> *Sie hören:* Das Heer ist zum Lager gekommen.
> *Sie sehen:* der Kaiser / die Bürger unterdrücken
> *Sie sagen:* Bevor das Heer zum Lager gekommen ist, hatte der Kaiser die Bürger unterdrückt.

1. das Heer / den Sieg schon erreichen
2. der Bürgerkrieg / beginnen
3. die Bürger / frei sein
4. der Kaiser / die Leute in die Lager schicken
5. die Bürger / einen Aufruhr organisieren
6. die Bürger / das Heer besiegen

3 **Wer war Karl der Große** Karl und Annika lernen für eine Prüfung im Geschichtsunterricht. Hören Sie sich die Satzpaare an und fassen sie diese zu einem Satz zusammen. Benutzen Sie dabei die angegebene Konjunktion und achten Sie auf die richtige Form des **Plusquamperfekts**.

> **Beispiel**
>
> *Sie hören:* Zuerst waren viele Deutschen Heiden (*pagans*). Dann wurde Karl der Große Kaiser.
> *Sie sehen:* ehe
> *Sie sagen:* Ehe Karl der Große Kaiser geworden war, waren viele Deutschen Heiden.

1. als
2. nachdem
3. bevor
4. ehe
5. bevor
6. als
7. ehe
8. nachdem

Lab Manual

10.2 Uses of the infinitive

1 **Wahlen** Verwenden Sie die Infinitivform mit **zu**, um jede Frage mit den angegebenen Aussagen zu beantworten. Wiederholen Sie anschließend die richtige Antwort.

> **Beispiel**
>
> *Sie hören:* Werden Sie bei dieser Wahl wählen?
> *Sie sehen:* Ich habe die Absicht...
> *Sie sagen:* **Ich habe die Absicht, bei dieser Wahl zu wählen.**

1. Ich muss nicht lange warten...
2. Die Wahlhelfer helfen mir...
3. Ich habe Zeit...
4. Ich habe gearbeitet...
5. Es freut mich...
6. Ich nehme mir Zeit...

2 **Kaiser Edward** Hören Sie sich die fiktive Erzählung an. Dann formulieren Sie die einzelenen Aussagen neu. Benutzen Sie den jeweils richtigen Infinitiv mit **zu**.

> **Beispiel**
>
> *Sie hören:* Edward will ein Reich regieren.
> *Sie sehen:* Es ist nicht leicht.
> *Sie sagen:* **Es ist nicht leicht, ein Reich zu regieren.**

1. Es ist schwer.
2. Es ist nicht normal.
3. Es ist sein Vergnügen (*pleasure*).
4. Es ist nicht in Ordnung.
5. Es ist wichtig.
6. Es ist nicht einfach.
7. Es ist normal.
8. Es ist nicht leicht.

3 **Schlechte Herrscher** Sie hören Sätze über einen anderen Herrscher, den man sich kein zweites Mal wünscht. Hören Sie sich jedes Satzpaar an und bilden Sie daraus einen einzigen Satz mit **ohne... zu**, **statt... zu** oder **um... zu**. Wiederholen Sie anschließend die richtige Antwort.

> **Beispiel**
>
> *Sie hören:* Das Heer hat gekämpft. Es hat nicht kapituliert.
> *Sie sagen:* **Das Heer hat gekämpft, ohne zu kapitulieren.**

10.3 *Der Konjunktiv I* and indirect speech

1 **Was hat sie versprochen?** Hören Sie sich diese Sätze an und entscheiden Sie, ob die Aussagen den **Konjunktiv I** oder **Konjunktiv II** enthalten, um indirekte Rede wiederzugeben.

	Konjunktiv I	Konjunktiv II
1.	O	O
2.	O	O
3.	O	O
4.	O	O
5.	O	O
6.	O	O
7.	O	O
8.	O	O

2 **Eine konservative Wahlkampfrede** Ein Journalist hört zu, während ein konservativer Politiker spricht. Hören Sie sich die Wahlkampfrede an. Dann ergänzen Sie die Notizen des Journalisten. Schreiben Sie die richtige Form des **Konjunktiv I** in die Lücken.

1. Er hat gesagt, eine neue Regierung _____ notwendig.

2. Er hat gesagt, er _____ einen Bericht gehört.

3. Er meint, die Machthaber _____ die Steuern.

4. Er denkt, die Leute, die Arbeitnehmer beschäftigen, _____ weniger Steuern bezahlen.

5. Wenn er Abgeordneter ist, _____ er Unternehmern helfen und sie nicht bekämpfen.

6. Er _____ gegen weitere Integration in die EU-Wirtschaft.

3 **Was andere gesagt haben** Hören Sie sich die folgenden Sätze an und sehen Sie sich an, wer das gesagt hat. Verwenden Sie **Konjunktiv I**, um die Sätze wiederzugeben.

> **Beispiel**
>
> *Sie hören:* Der Präsident muss den Krieg beenden.
> *Sie sehen:* die Liberale
> *Sie sagen:* **Die Liberale sagt, der Präsident müsse den Krieg beenden.**

1. der Diktator
2. der Bürgermeister
3. die Journalistin
4. die Königin
5. der Konservative
6. die Demokratinnen

WORTSCHATZ

Jetzt hören Sie den Wortschatz am Ende der Lektion. Hören Sie zu und wiederholen Sie.

Photography Credits

All images © Vista Higher Learning unless otherwise noted.

Workbook

1: (l) © Monkey Business Images/Shutterstock; (ml) © Rocketclips/Shutterstock; (mr) Martín Bernetti; (r) © Kapu/Shutterstock; **2:** (l) José Blanco; (m) © Ariel Skelley/Getty Images; (r) © SW Productions/Getty Images; **4:** © Steve Stearns; **10:** (l) José Blanco; (m) Martín Bernetti; (r) Martín Bernetti; **13:** (l) Ali Burafi; (m) © Richard Metzger; (r) © EGDigital/iStockphoto; **16:** © Arnd Wiegmann/Reuters/Corbis; **18:** Rossy Llano; **26:** (l) © Claudia Veja/iStockphoto; (r) Ali Burafi; **28:** © Carsten Medom Madsen/Shutterstock; **37:** (tl) © Danny Warren/iStockphoto; (tm) Ana Cabezas Martin; (tr) VHL; (bl) © Razvan Photography/Bigstock; (bm) Vanessa Bertozzi; (br) © Corel/Corbis; **38:** (l) © Melba Photo Agency/Alamy; (m) Pascal Pernix; (r) Anne Loubet; **40:** © Arco Images GmbH/Alamy; **44:** Boris Stroujko/Shutterstock; **49:** (l) Anne Loubet; (ml) © Kuzma/Big Stock Photo; (mr) © Rasmus Rasmussen/iStockphoto; (r) © Javier Larrea/Age Fotostock; **52:** © Gldburger/iStockphoto; **56:** (l) © Paul Prescott/Shutterstock; (r) © Gary718/Shutterstock; **61:** (tl) Nicole Winchell; (tm) © Andrea Leone/Shutterstock; (tr) Cobra Photography/Shutterstock; (bl) © Kesu/Shutterstock; (bm) Gudrun Hommel; (br) Jose Blanco; **62:** (l) Peter Scholz/Shutterstock; (m) Gudrun Hommel; (r) Gudrun Hommel; **64:** © Maugli/Shutterstock; **70:** (tl) Ventus Pictures; (tr) Ronald Wilfred Jansen/Shutterstock; (bl) Ali Burafi; (br) José Blanco; **74:** (l) Martín Bernetti; (m) © Javier Larrea/Age Fotostock; (r) © Javier Larrea/Age Fotostock; **76:** © Ralf-Udo Thiele/Fotolia; **82:** (tl) Ali Burafi; (tm) Janet Dracksdorf; (tr) © Kheng Guan Toh/Shutterstock; (bl) © Jozef Sedmak/Shutterstock; (bm) © Masterfile RF; (br) © Javier Larrea/Age Fotostock; **85:** (tl) Martín Bernetti; (tm) Martín Bernetti; (tr) © Jan Martin Will/Shutterstock; (bl) Lauren Krolick; (bm) Rafael Ríos; (br) © EGDigital/iStockphoto; **88:** © Yurchyks/Shutterstock; **92:** (tl) © Corel/Corbis; (tm) © Corel/Corbis; (tr) Janet Dracksdorf; (bl) © Volrab Vaclav/Bigstock; (bm) Carlos Gaudier; (br) Mauricio Osorio; **94:** (l) Martín Bernetti; (r) Martín Bernetti; **98:** (l) Martín Bernetti; (m) Janet Dracksdorf; (r) © Javier Larrea/Age Fotostock; **100:** © Aflo Co. Ltd./Alamy; **109:** (l) José Blanco; (m) © 360b/Shutterstock; (r) © Mats/Shutterstock; **112:** © Julie Woodhouse/Alamy.

Lab Manual

121: (t) © Stewart Cohen/Blend Images/Getty Images; (bl) Ventus Pictures; (bml) Pascal Pernix; (bmr) Ana Cabezas Martín; (br) Ali Burafi; **133:** (t) © Anton Gvozdikov/Shutterstock; (bl) Vanessa Bertozzi; (bml) Ventus Pictures; (bmr) © Corel/Corbis; (br) © Vladislav Gajic/Shutterstock; **138:** (t) Janet Dracksdorf; (bl) José Blanco; (bml) Janet Dracksdorf; (bmr) Ventus Pictures; (br) Martín Bernetti; **141:** (t) Gudrun Hommel; (ml) Stock Creations/Shutterstock; (mm) Gudrun Hommel; (mr) Gudrun Hommel; (bl) Gudrun Hommel; (br) Martín Bernetti; **143:** (t) Ana Cabezas Martín; (bl) Nicole Winchell; (bm) Ventus Pictures; (br) © Lebanmax/Shutterstock; **153:** (t) © Arnd Wiegmann /Reuters/Corbis; (ml) Martín Bernetti; (mm) © Javier Larrea/Age Fotostock; (mr) Janet Dracksdorf; (bl) Martín Bernetti; (bm) Martín Bernetti; (br) Anne Loubet; **155:** (t) José Blanco; (ml) Nancy Camley; (mm) © Javier Larrea/Age Fotostock; (mr) © Javier Larrea/Age Fotostock; (bl) Martín Bernetti; (bm) Dotshock/Shutterstock; (br) © Javier Larrea/Age Fotostock.